La guerre des cavernes

Titre original : *Der Höhlenmaler*

ISBN : 2-7459-0674-7

ERICH BALLINGER

La guerre des cavernes

Traduit de l'allemand
par Suzanne Kabok

MILAN POCHE
HISTOIRE

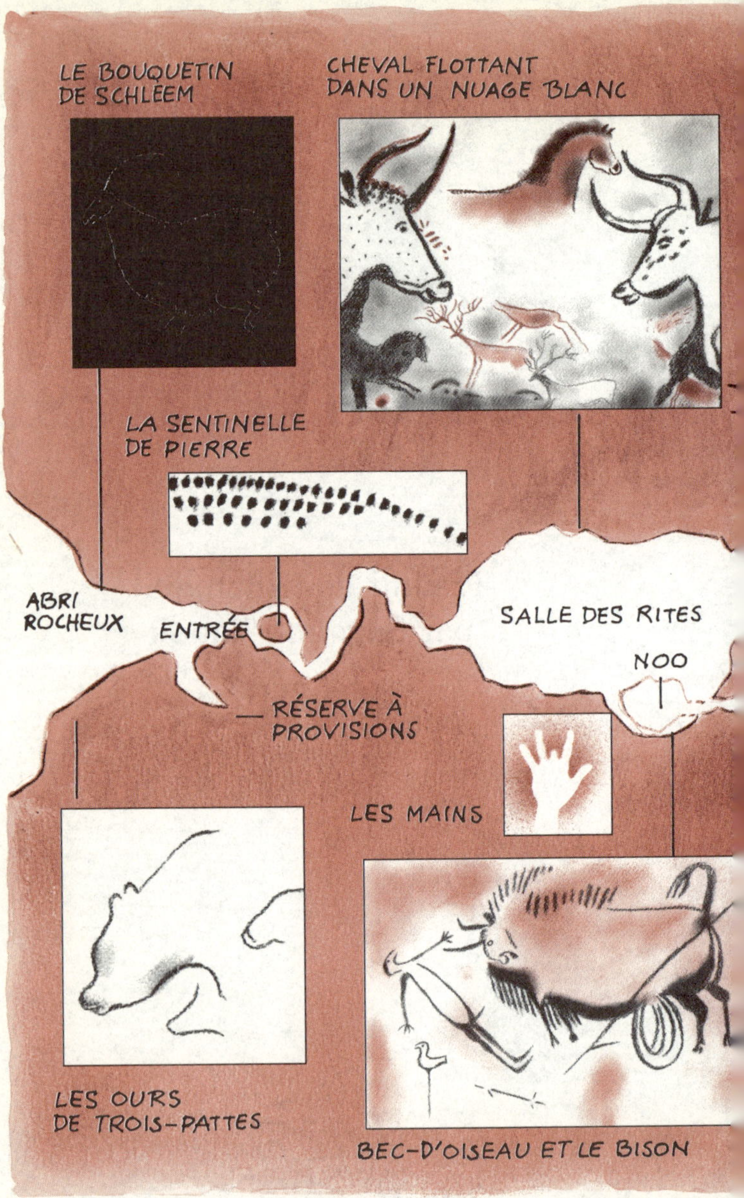
LE BOUQUETIN
DE SCHLEEM
CHEVAL FLOTTANT
DANS UN NUAGE BLANC
LA SENTINELLE
DE PIERRE
ABRI
ROCHEUX
ENTRÉE
SALLE DES RITES
NOO
RÉSERVE À
PROVISIONS
LES MAINS
LES OURS
DE TROIS-PATTES
BEC-D'OISEAU ET LE BISON

E BISON DE KRULL
LA RUÉE SAUVAGE
DE LA GRANDE PEUR
L'OURS
DE KRULL
LAC
L'HOMME
MORT
LES ESSAIS DE TROIS-PATTES
0 20 40 60 80 100
PAS

CHAPITRE 1

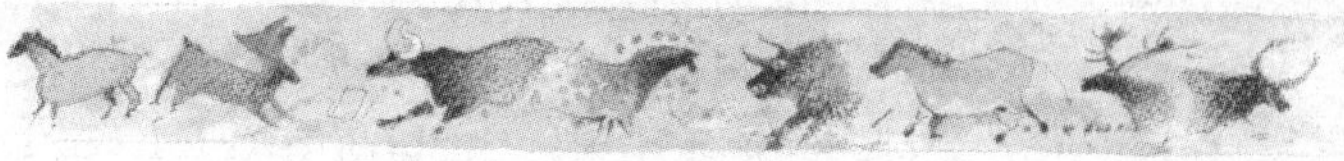

La main saisit le galet rond et frappe, frappe. La roche rouge se casse en crissant. Le galet s'abat encore, émiettant peu à peu les morceaux de roche. Il ne reste bientôt sur le plateau de pierre que de la poudre rouge. La main fait alors basculer le plateau et la poudre s'écoule dans un sac en cuir, avec un petit nuage rouge.

Trois-Pattes regarde ses mains. Aujourd'hui elles sont rouges. Parfois elles sont ocre ou noires, comme les roches qu'il écrase.

Un rocher en saillie protège Trois-Pattes de la pluie, de la neige et du vent. Là-bas, loin derrière lui, tout au fond de l'abri rocheux se trouve une fissure sombre : l'entrée de la grotte. Trois-Pattes ne s'est jamais risqué à l'intérieur. Il ne sait pas si elle est profonde, ni ce qui s'y trouve, ni ce que Krull y fait. Car Krull y passe de longs moments. Trois-Pattes aimerait bien en savoir plus. Mais Krull a interdit qu'il le suive.

Trois-Pattes respecte sa loi. Krull a sauvé Trois-Pattes. Krull est le seul qui le protège. Sans lui,

Trois-Pattes ne serait plus. Trois-Pattes se souvient. Des images se forment dans sa tête.

Quelque part, à proximité du Grand Fleuve, le garçon est allongé sur le sable humide. Il ne peut plus marcher. L'un de ses pieds n'est plus qu'un paquet de chairs sanguinolentes. La douleur est si grande que régulièrement la nuit se fait dans sa tête. Lorsque le jour s'y lève, la douleur revient et Trois-Pattes hurle. Quand enfin elle se calme, le garçon est trop faible pour se lever. Il gémit et soupire.

Krull, le chaman*, découvre le jeune garçon. Il verse de l'eau froide sur son pied, qui n'est plus un pied. Il l'asperge du jus de baies et entoure de feuilles le moignon de chair. Il enveloppe le garçon dans une fourrure, le charge sur son dos.

Longtemps, le chaman porte le garçon. Parfois il le pose à terre pour reprendre son souffle. Puis il continue à gravir la pente raide de la montagne. Trois-Pattes se laisse faire, la tête presque toujours plongée dans la nuit.

Trois-Pattes pose un autre morceau de roche rouge sur le plateau en pierre. Il frappe encore avec le galet rond. Frappe… Frappe… Frappe… De nouveau, une image du passé lui revient en mémoire.

* Les mots ou groupes de mots suivis d'un astérisque sont expliqués en fin de volume.

La longue, longue nuit dans la tête du garçon s'est dissipée. Il est couché sur des fourrures douces sous l'abri rocheux, devant l'entrée de la grotte. La douleur est encore là, mais moins forte.

Le garçon reste ainsi des jours et des jours. Le chaman lui donne à boire, à manger et soigne son moignon. Il l'enduit d'une bouillie grasse, y applique des feuilles et des plantes. Il lui fait boire un liquide répugnant.

– Ça éteint le feu qui brûle dans ton corps, explique-t-il.

Krull ne parle pas beaucoup. Ne dit que le nécessaire. « Mange ! Bois ! Reste couché ! » Pas beaucoup plus. La plupart du temps, le garçon reste seul. Krull ne vient sous l'abri rocheux que pour dormir, manger, ou lorsqu'il soigne le blessé.

Krull vit en solitaire. Seul l'homme qui ne parle pas lui tient parfois compagnie. Krull l'appelle Bouche-Cousue. L'homme part souvent de nombreux jours et lorsqu'il revient, il approvisionne le chaman en petit gibier : lièvres, oiseaux, rats, poissons... Il lui apporte des pierres rouges, ocre et noires, et du bois pour le feu. Il accompagne Krull dans la grotte, fabrique des outils* et des torches, il fait des tas de choses. Sauf une : parler.

Parfois, Bouche-Cousue est assis au coin du feu* et tient sa main en cornet derrière son oreille. Il reste longtemps ainsi, les yeux fermés. Il semble aux aguets. Il ne dit pas ce qu'il entend.

La roche rouge s'est transformée en poudre rouge. Trois-Pattes incline le plateau de pierre pour la laisser couler dans le sac en cuir. Il essuie de la main ce qui adhère encore au plateau. Voilà une autre image de son passé…

Le moignon est cicatrisé. Mais le garçon ne peut pas encore poser le pied par terre. C'est trop douloureux. Il avance à quatre pattes. Krull lui donne un grand bâton terminé par une fourche, qu'il a enveloppée d'une fourrure épaisse et douce. Une sorte de béquille.

– Appuie-toi là-dessus et essaie de marcher en te redressant, lui conseille-t-il.

Trois-Pattes coince la fourche sous son bras. Il doit réapprendre à marcher, différemment. Au début, c'est lent et pénible ; le garçon tombe souvent. Après quelques jours, c'est comme si la béquille était devenue une jambe de chair et de sang. Il est heureux.

Parfois quelques enfants remontent le ruisseau en courant, et passent timidement devant l'abri rocheux. Ils regardent le garçon se déplacer avec la béquille. Un jour, un enfant lance :

– Trois-Pattes ! Trois-Pattes ! Trois-Pattes !

Les autres enfants joignent leurs cris aux siens, en courant autour du garçon.

– Trois-Pattes ! Trois-Pattes ! Trois-Pattes !

Krull rit et dit :

– Trois-Pattes ! C'est un bon nom pour toi !

Et Krull s'enfonce dans la grotte. Son rire y résonne encore un moment. Le garçon, lui, n'a pas envie de rire.

Trois-Pattes frappe rageusement sur la roche rouge. Elle n'est pas responsable de son malheur. Trois-Pattes le sait. Mais la colère en lui doit s'échapper. Et il frappe et frappe encore…

Trois-Pattes n'aime pas son nom qui ne dit que ce qu'il ne sait plus faire : marcher sur deux jambes. Ce nom ne dit rien de ce qu'il sait bien faire. Quoi d'ailleurs ? Réduire des pierres en poudre ? Tout le monde sait faire ça. Justement, Krull lui donne ce travail parce qu'il est facile. Mais Trois-Pattes sait-il aussi faire des choses importantes, que personne d'autre ne sait faire ? Il n'en sait rien. Trois-Pattes ne sait plus rien.

Le garçon pense à l'image plantée au début de ses souvenirs : il est allongé dans le sable près du Grand Fleuve et son pied n'est plus que douleur. Mais quelle est l'image précédente ? Où est l'image qui montre ce qui est arrivé à son pied ? Où sont les images qui le montrent petit garçon ? Et celles de sa mère ? Chaque fois que Trois-Pattes cherche ces images, de grandes nuées de poussière rouge s'élèvent dans sa tête. Elles se dressent très haut devant lui, comme un écran. La poussière rouge le coupe de son passé.

Du plat de la main, Trois-Pattes fait glisser la poudre dans le sac en cuir, presque plein déjà. Il regarde le paysage devant lui. Comme l'entrée de l'abri rocheux se situe très haut sur le flanc de la montagne, le regard du garçon porte loin. Il effleure des collines aux courbes douces, recouvertes d'herbe jaune et coiffées de bois vert sombre. Il passe sur le rocher gris et escarpé, là où coule le ruisseau, il glisse sur la large plaine à travers laquelle serpente le Grand Fleuve, bordé de forêts aux couleurs rousses. Bien au-delà se dressent les hautes Montagnes noires derrière lesquelles le soleil vient de disparaître. L'obscurité et le froid s'installent.

Cet horizon qui s'étend devant Trois-Pattes ne lui offre aucune issue. Jamais plus il ne pourra chasser, ni parcourir les longs sentiers qui mènent au Grand Fleuve et aux Montagnes noires…

Derrière lui, la grotte, une voie interdite par Krull.

Dans sa tête, il y a toute cette épaisse poussière rouge qui l'empêche de retrouver le chemin conduisant à son passé.

Trois-Pattes se sent comme une bête prise au piège. Un piège comme ceux que construit Bouche-Cousue.

Un bruissement se fait entendre derrière Trois-Pattes, comme le vent dans les feuillages secs. Il sait que Krull s'approche. Sa cape de peau murmure à chacun de ses pas. Fourrure à l'intérieur, cuir lisse et noir à l'extérieur, il y accroche plein de petits objets: des pierres tachées de rouge, des dents, des coquillages colorés, des petites têtes d'animaux taillées dans du bois, des fragments d'os sur lesquels des signes* ont été gravés, des becs d'oiseaux, des plumes, des griffes, des queues de rats, des peaux de serpents, des sabots de rennes... Lorsque Krull bouge, tous ces objets s'entrechoquent, et la cape se met à murmurer.

Krull plonge la main dans le sac de cuir et laisse la poudre rouge couler à travers ses doigts.

– Bien, dit Krull, c'est assez maintenant. Viens manger.

Trois-Pattes s'approche du feu, sur les genoux. Krull retire un morceau de viande de la cendre chaude, et le partage avec son couteau de pierre. Il jette du bois sur la braise, où crépitent bientôt de hautes flammes.

Krull ne mange pas beaucoup. Il glisse sans plaisir quelques morceaux de viande entre ses lèvres noires et mâche avec ennui. Puis il rote et donne le reste de sa part à Trois-Pattes.

Il y a beaucoup de choses concernant Krull que Trois-Pattes aimerait savoir. Pourquoi ses lèvres, ses dents et sa langue sont-elles noires ? Pourquoi n'a-t-il pas de cheveux sur le crâne ? Pourquoi est-il si maigre, pourquoi le blanc de ses yeux est-il strié de petites veines rouges ? Trois-Pattes aimerait savoir ce que Krull fait dans la grotte, pourquoi il a besoin de toute cette poudre rouge, noire et ocre, pourquoi...

Il y a encore beaucoup d'autres choses que Trois-Pattes aimerait savoir, mais il n'ose pas poser de questions. Krull n'a jamais porté la main sur Trois-Pattes, et pourtant le garçon a peur de lui parler. Le chaman est trop étrange, trop loin de lui. Peut-être vit-il dans un autre monde que Trois-Pattes ne peut voir. Le garçon craint de le déranger dans son mystérieux univers et de provoquer sa colère. Voilà pourquoi il tait ses questions.

Krull s'est appuyé contre la paroi rocheuse, les yeux fermés. Soudain il dit :

– Que veux-tu donc savoir, Trois-Pattes ?

Trois-Pattes sursaute. Le chaman peut-il lire ses pensées ? Avec hésitation, le garçon demande :

– Krull, tu m'as trouvé blessé près de la rivière... Mais comment suis-je arrivé là ? D'où provient ma blessure ?

Le chaman écarquille les yeux et se redresse brusquement.

– Par les cornes de l'aurochs* ! Tu veux dire que tu ne sais pas d'où tu viens, ni à quelle tribu tu appartiens, ni comment tu as été blessé ?

Trois-Pattes hoche la tête.

Derrière ses paupières plissées, Krull fixe Trois-Pattes et frotte son crâne chauve. Il se tait longtemps. Puis hausse les épaules.

– Je ne le sais pas non plus, dit-il doucement.

Trois-Pattes est désemparé. Il espérait tant que Krull lui montre ces images qu'il ne parvient pas à distinguer derrière la poussière rouge.

Krull se dirige vers sa couche en disant :

– Dors maintenant. Bouche-Cousue n'est pas là demain. J'ai besoin de toi, dans la grotte.

Trois-Pattes reste longtemps éveillé. Il est agité. Content aussi. Demain, il aura le droit d'entrer dans la montagne, de pénétrer dans un monde qui lui a été interdit jusqu'alors. Le piège se desserre. Mais le garçon a aussi un peu peur. Pourra-t-il marcher dans la caverne avec sa béquille ? Sera-t-il capable de remplir les tâches que Krull lui confiera ? S'il échoue, Krull sera furieux, et la grotte se refermera pour lui.

Une autre pensée l'empêche de trouver le sommeil. Le chaman peut-il réellement voir ce qui se passe dans sa tête ? A-t-il vu à quel point Trois-Pattes était déçu qu'il ne puisse pas l'aider à retrouver les images de son passé ? A-t-il aperçu l'image du piège dans la tête du garçon ? Est-ce par pitié qu'il lui a ouvert le piège ? Trois-Pattes n'en sait rien. Mais il est inquiet à l'idée que le chaman puisse connaître toutes ses pensées.

CHAPITRE 2

Trois-Pattes se réveille très tôt. Il fait encore froid et sombre. Le brouillard s'étale sur la plaine. Krull, assis près du feu, retire de petites pierres brûlantes de la braise et les laisse tomber dans deux écuelles. De la vapeur se dégage bien vite des soupes d'herbes. Trois-Pattes boit fébrilement et se brûle la langue. Il est trop impatient. Il lui tarde de pénétrer dans la grotte.

– Le monde du dedans est grandiose et dangereux. Tout ce que tu y fais, tu dois le faire calmement et après mûre réflexion. La précipitation et l'impatience peuvent être fatales. La grotte ne tolère ni les cris, ni l'agitation. Sinon elle se venge. C'est un monde silencieux qui exige que l'homme soit silencieux, lui aussi. Le silence sur les lèvres, le silence dans la tête. L'obscurité, au sein de la montagne, pousse l'homme à se mettre à l'écoute du plus profond de lui-même. « Qui suis-je ? » se demande chacun. C'est l'unique question importante.

Le chaman a parlé d'une voix forte et solennelle. Après quoi il se lève et dit en bougonnant :

–C'est tout. Et maintenant au travail.

Un court boyau s'enfonce dans le rocher, juste avant l'entrée de la grotte. C'est là que Krull garde ses provisions : viande fumée, poissons, herbes et fruits séchés, noix et baies. Il y a aussi des peaux et des fourrures, des outils en pierre, des pierres à feu, des bois de cerf*, des torches, des sacs en cuir contenant de la poudre de couleur*, des récipients en os et en pierre, des coquillages et beaucoup d'autres choses dont Trois-Pattes ne connaît pas l'utilité.

Krull accroche sur le dos de Trois-Pattes un panier aux montants en bois, maintenu par une courroie en cuir enserrant le front. Il y entasse des sachets pleins à craquer. Par-dessus, il ficelle des torches, enveloppées dans du cuir graissé. Le fardeau est lourd, c'est tout juste si Trois-Pattes peut avancer. Le chaman est très chargé, lui aussi.

Krull enflamme une torche et pénètre lentement dans la grotte, Trois-Pattes derrière lui. Après quelques pas, le chaman s'arrête. Sa torche éclaire une grande pierre blanche sur laquelle se détachent de nombreux points rouges. Ils luisent dangereusement, comme autant d'yeux. Telle la gardienne de la grotte, cette pierre barre le passage aux nouveaux arrivants.

Le chaman verse un peu de poudre rouge dans un coquillage, ajoute de l'eau et remue jusqu'à obtenir une bouillie rouge.

– Toute personne qui vient pour la première fois dans cette grotte doit laisser un signe sur cette pierre. C'est ainsi que le veut la grotte, c'est ainsi que le veut la coutume. Plonge ton doigt dans la couleur rouge et ajoute ton empreinte aux autres. Dis à la grotte que tu es là.

Le chaman tend le coquillage à Trois-Pattes qui y trempe le doigt, puis le presse sur la pierre, à la suite d'une longue rangée de points.

Son point, son doigt. Même les fines stries de l'extrémité du doigt apparaissent sur la pierre. Trois-Pattes est très fier de faire partie désormais des hommes qui sont venus dans cette grotte.

Krull poursuit son chemin vers l'intérieur de la montagne, suivi de Trois-Pattes. La galerie monte légèrement. Le sol est aplani par les passages successifs et le jeune garçon n'a pas trop de mal à marcher avec sa béquille.

Là où la torche projette une lumière vacillante, les murs et le plafond de la grotte semblent s'animer. Ailleurs s'étend la plus obscure des nuits. Trois-Pattes se retourne. Son ombre est longue et noire. Elle se perd dans les ténèbres.

La galerie fait d'innombrables coudes. D'étroits boyaux disparaissent dans l'obscurité. Soudain, Trois-Pattes s'arrête et écarquille les yeux. Le chaman se retourne, suit son regard. Des pierres ressemblant à des glaçons, épaisses comme des troncs d'arbres, descendent de la voûte. Elles pendent, humides et lourdes, brillant d'un éclat rougeâtre. Parfois une goutte d'eau se détache d'une pointe et tombe sur une pierre qui surgit du sol. Aucune pierre ne ressemble à l'autre. Elles ont des bosses, des ventres, des veines proéminentes, des muscles noueux, des nez, des yeux globuleux, des oreilles décollées. Plus loin, une cascade jaillit de la paroi et s'élance vers le sol, immobile, pétrifiée. Il y a là des bassins de pierre, soudés au sol, comme d'énormes coquillages aux bords charnus. Une eau claire les remplit à ras bord.

Depuis que Trois-Pattes et Krull se sont arrêtés, le silence est total. L'écho de leurs pas a fait place au crépitement de la torche, au claquement des gouttes d'eau qui tombent dans l'un des bassins de pierre.

Trois-Pattes montre du doigt les pierres étranges et jette un regard interrogateur à Krull. Il n'ose pas rompre le silence.

– Ce sont les pierres qui poussent[1]. Toute la grotte est en mouvement, mais nous, les hommes, ne le voyons pas car elle vit dans un autre temps. Ce qui est pour nous une vie d'homme ne représente pour la grotte qu'un court instant.

1. Des stalagmites et des stalactites.

Krull a chuchoté. Il désigne deux pierres. Une pierre tombante et une pierre montante se touchent presque. La largeur d'un doigt les sépare l'une de l'autre.

– Quand tu seras devenu un vieillard, Trois-Pattes, les deux pierres se seront réunies. Peut-être. Mais il faudrait que tu deviennes vraiment très vieux.

Et Krull reprend son chemin. Les pierres qui poussent retournent dans l'obscurité.

Il fait chaud ici, sous terre. Trois-Pattes sue. Des gouttes de sueur se forment aussi sur le crâne chauve de Krull. Tous deux respirent bruyamment sous le poids de leur fardeau.

La galerie devient plus large, le plafond plus haut. La torche ne jette plus qu'une faible lueur sur les parois, qui finissent par disparaître. Leurs pas retentissent dans l'obscurité. Il faut attendre longtemps le retour de l'écho. Trois-Pattes devine qu'ils se trouvent dans un espace immense.

Krull s'arrête près d'une butte. Il dépose sa charge et aide Trois-Pattes à se libérer de son panier. Ils s'assoient pour reprendre leur souffle.

Trois-Pattes est fatigué. Il a mal sous le bras, là où il coince la fourche de la béquille. Mais il est heureux d'être arrivé jusqu'ici.

La torche fume et n'éclaire presque plus. Krull frotte l'extrémité calcinée contre une pierre. La flamme s'élève de nouveau.

–Nous sommes dans la salle des Rites. C'est ici que les hommes se réunissent à l'occasion des fêtes importantes : la fête de la Grande Femme*, la fête de la Chasse collective, explique le chaman à voix basse.

Trois-Pattes ouvre la bouche pour poser une question, mais Krull lui fait signe de se taire.

–Peut-être participeras-tu aux fêtes, alors tu verras. Viens maintenant, je veux te montrer quelque chose.

Krull tend une torche à Trois-Pattes. Puis ils rebroussent chemin jusqu'à la paroi de la salle. Soudain le garçon pousse un cri de surprise. Au-dessus de lui a surgi un animal, un monstre plutôt. Il n'a encore jamais vu un être pareil : grand, avec la tête d'un lion* et de longues cornes droites. De nombreuses taches rouges et noires brillent sur son ventre énorme.

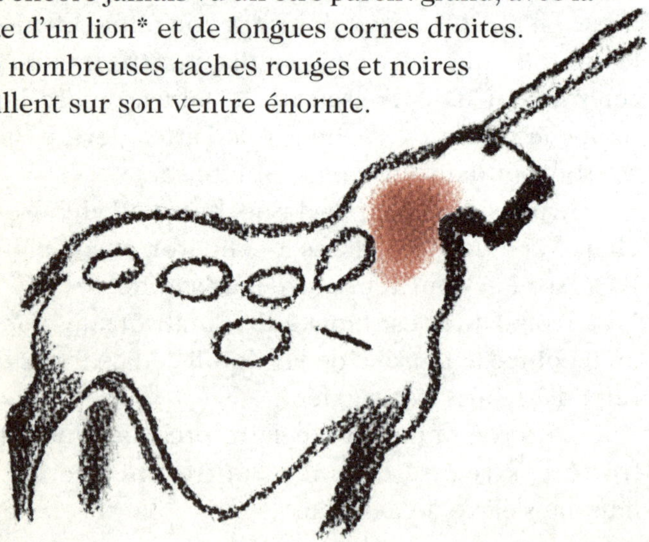

Trois-Pattes blêmit de peur. Mais l'animal avance vers l'intérieur de la montagne sans lui prêter la moindre attention. Ou alors… ? Non, pourtant. Trois-Pattes s'est arrêté et l'animal est toujours à la même place.

Le garçon commence à comprendre : l'animal sur la paroi est peint. Avec de la poudre rouge et noire mélangée à de l'eau. Cette poudre qu'il fait lui-même en concassant les roches.

Krull pousse Trois-Pattes pour le faire avancer. Le garçon se retourne et jette un dernier regard sur l'animal qui s'évanouit dans l'obscurité. Ne vient-il pas, quand même, de tourner la tête ? Le garçon n'a pas fait trois pas que déjà des chevaux bondissent dans la lueur de la torche. Une harde de chevaux noirs qui galope vers l'intérieur de la grotte. La torche poursuit son chemin. Lorsqu'un cheval* disparaît dans l'obscurité, le suivant surgit dans la lumière.

Chaque fois, Trois-Pattes se fige d'étonnement. Chaque fois, Krull doit le tirer derrière lui.

En tête des chevaux, un aurochs majestueux est campé sur ses pattes robustes. Son regard est tourné vers l'intérieur de la grotte. Trois-Pattes y dirige sa torche : de la pénombre sort un autre aurochs aux cornes puissamment arquées. Les deux animaux se font face, aucun ne veut céder la place. Au-dessus de leur tête flotte un cheval dont les pattes s'enfoncent dans la blancheur d'un nuage. Minuscule dans le lointain, passe un groupe de cerfs.

– Ferme la bouche, avant qu'un animal ne s'y engouffre, lance le chaman. Et viens.

L'aurochs qui marche vers la sortie est suivi par toute une harde. Il avance avec calme et fierté, sûr de sa puissance. Le dernier aurochs est le plus grand de tous. Trois-Pattes doit faire de nombreux pas pour aller de sa tête jusqu'à son arrière-train.

Puis plus rien. Plus qu'un grand trou noir qui s'enfonce dans la montagne.

Krull ramène Trois-Pattes à l'endroit où ils ont déposé leurs fardeaux. Ils gardent le silence pendant longtemps. Puis Trois-Pattes demande, la gorge nouée :

– Krull, qui a fait tous ces animaux ?

– Qui ? Personne. Ces animaux étaient déjà là en des temps immémoriaux, quand les hommes n'existaient pas encore. Ils seront encore là quand l'eau aura délavé les peintures*, quand les pierres qui poussent les auront recouverts. Ils sont là. C'est à l'homme de les découvrir. Lorsque nous apercevons un animal sur le rocher, nous repassons maladroitement ses contours à la peinture. Nous ne savons pas faire mieux, nous, les hommes. Parfois, l'un d'entre nous s'écrie, fier de lui : « Regardez ! J'ai créé quelque chose de nouveau ! » Quel croassement de grenouille ballonnée ! L'homme ne crée rien de neuf, il ne fait que découvrir ce qui était déjà là, et que personne n'a encore vu. C'est ainsi.

Trois-Pattes n'est pas satisfait de la réponse. Il veut savoir…

– Tu veux savoir qui a trouvé les animaux et les a rendu visibles pour d'autres ? Qui les a peints ?

Trois-Pattes hoche la tête, troublé.

– C'étaient des chamans avant moi. Il y a très longtemps, un chaman a commencé à peindre. Plus personne ne sait aujourd'hui qui il était, ni quand c'était. Après lui, des chamans ont ajouté d'autres animaux, et repeint des animaux plus anciens. Ils sont nombreux à avoir uni leurs efforts pour que la paroi soit telle que nous la voyons aujourd'hui. J'ai repassé de la peinture fraîche sur quelques vieux animaux pâlis par les ans. Mais le cheval qui flotte sur le nuage blanc, celui-là, c'est moi qui l'ai trouvé et peint.

– Oui, je l'ai vu. Il plane au-dessus de la tête des deux aurochs qui se font face. Mais pourquoi, Krull ?

– Pourquoi je l'ai peint ? Je te le dirai une autre fois. Nous avons à faire maintenant. Des préparatifs pour la fête de la Grande Femme.

Le chaman se lève, endosse son fardeau et enflamme une nouvelle torche.

Puis il installe des petits stocks de provisions à différents endroits de la salle. En son centre, près d'une petite butte, il dépose le bois pour le feu. Il range des torches, des sacs de graisse, des brindilles recouvertes de résine, et des gobelets de pierre dans des niches bien sèches. Le chaman installe des sachets de poudre rouge et noire face à la paroi recouverte de peintures. Enfin son panier est vide.

Au fond de la salle, là où un couloir sombre s'enfonce dans la montagne, Trois-Pattes découvre un précipice. Il s'accroupit au bord du trou rond, large de plusieurs pas et y enfonce sa torche. Les parois lisses plongent si loin dans la montagne que la lumière n'atteint pas le fond. Trois-Pattes jette une petite pierre. Il attend longtemps avant qu'elle ne rebondisse avec un bruit clair. Un long frisson glacé parcourt son dos. C'est profond, très profond.

– Va-t'en de là ! entend-il siffler derrière lui.

Effrayé, Trois-Pattes se retourne. Krull est là, le visage crispé. Ses lèvres noires ne sont plus qu'un trait mince. Ses yeux, d'étroites fentes. D'une voix coupante, Krull dit :

– Tu es devant Noo*, le gouffre interdit. Noo ne veut être ni dérangé ni regardé, et peut se fâcher lorsqu'on lui jette des choses. Noo veut l'obscurité et le calme. Il est même défendu de parler du gouffre interdit. Tu ne le savais pas. Maintenant tu sais.

Le chaman fait demi-tour, accompagné du murmure de sa cape. Son crâne chauve brille à la lueur de la torche.

Trois-Pattes ne l'a jamais vu aussi furieux. Il a peur. Il craint le chaman, mais plus encore, il craint d'avoir dérangé Noo, d'avoir suscité la colère du gouffre interdit.

C'est avec des paniers vides que Krull et Trois-Pattes repartent vers la sortie de la grotte. Krull s'est calmé. Il est satisfait du travail accompli. Les préparatifs pour la fête de la Grande Femme sont terminés. En partant, il dit :

– Le cheval sur le nuage blanc, tu veux savoir pourquoi je l'ai peint ? Parce que je l'ai vu sur le rocher. Je ne me suis pas dit : « Maintenant je peins un cheval blanc, parce que… » Non. Je l'ai vu et je l'ai peint. Maintenant, il est là, visible pour tous. Ce n'est pas un cheval sur un nuage blanc pour tout le monde. Pour certains, c'est un cheval qui nage. Pour d'autres, un cheval dans la neige épaisse.

– Pour moi aussi, c'est un cheval sur un nuage blanc, dit Trois-Pattes.

Krull s'arrête, regarde Trois-Pattes. Il hoche la tête.

–Je sais, nos pensées se ressemblent.

Krull continue à avancer en parlant.

–Ce n'est que lorsque la peinture fut terminée que je me suis demandé : « Pourquoi justement un cheval ? Pourquoi un cheval sur un nuage blanc ? Pourquoi juste à cet endroit ? » J'ai enflammé de nombreuses torches. Je les ai coincées dans les interstices du rocher pour éclairer toute la paroi, du monstre aux cornes droites jusqu'à l'aurochs énorme. Je me revois parfaitement : je suis là, juché sur la butte au milieu de la grotte, à contempler les deux hardes d'aurochs. L'une qui veut s'enfoncer dans la grotte. L'autre qui veut en sortir. Les deux meneurs se font face avec leur tête dure et leurs cornes pointues. Ils se barrent mutuellement la route mais chacun veut poursuivre la sienne. Aucun des deux ne cède. Cela aboutira-t-il à un combat ? Le combat n'est pas la bonne voie. Imagine : les crânes s'entrechoquent, les os volent en éclats, les cornes blessent la chair tendre, le sang jaillit, les sabots écrasent les bêtes tombées à terre. Des hurlements. Des gémissements. La mort. Non, ce ne peut être la bonne voie. Les cerfs, si petits dans le lointain, montrent une autre voie : « Range-toi sur le côté, esquive le combat. » Le cheval sur le nuage en indique une autre encore. Une voie légère et aérienne, séduisante comme la course du cheval : se parler, chercher une solution valable pour chacun, dénouer le conflit, éviter le combat sanglant. C'est aussi une bonne voie pour les tribus, quand elles veulent se jeter l'une sur l'autre, la sagaie prête à s'envoler. Bonne aussi pour les hommes qui se font face dans un combat singulier, les veines du front gonflées, le visage rouge, le souffle court, rageur. Choisir la voie légère, aérienne, du cheval sur son nuage blanc vaut mieux que de se fracasser le crâne comme les aurochs.

Le chaman a parlé fort. Il reprend maintenant, apaisé :

– Certains voient la peinture autrement. Moi, je la vois ainsi. Et d'autres ne voient rien du tout. Mais ceux-là sont bêtes comme des rhinocéros*.

Trois-Pattes n'est pas sûr d'avoir bien compris Krull. Mais l'image du cheval sur son nuage blanc lui plaît.

Ils passent à côté de la sentinelle de pierre mouchetée de points rouges avant de retrouver la lumière du jour. Ah, comme elle est claire et calme ! Pas de vacillement rouge entrecoupé par la danse des ombres noires, comme lorsque brûle la torche dans la montagne.

Près du feu, sous l'abri, est assise une fille. Elle fait griller des poissons. Une corneille à tête blanche est perchée sur son épaule.

CHAPITRE 3

D'un craillement, la corneille attire l'attention de la fille.

– Krull ! s'écrie-t-elle en se levant d'un bond à la rencontre du chaman.

L'oiseau s'élève dans un battement d'ailes effrayé.

– Ah, Krull ! Que je suis contente de te revoir. Je me suis tellement ennuyée sans toi !

Elle caresse le manteau du chaman et lui prend la main pour le tirer vers le feu.

– Kivi, dit Krull sévèrement, je suis content que tu sois là. Mais ne me flatte pas bassement. Tu ne t'es encore jamais ennuyée !

Les lèvres de Krull sourient. Il s'assied près du feu et demande :

– Ta tribu est donc de retour ?

– Non. Elle n'arrive que demain, peut-être. Tu sais bien, ils marchent si lentement. Plus lentement que des mammouths* fatigués. Je ne tenais plus en place, je suis partie en courant. Maintenant je suis ici.

Kivi rit et s'assied tout contre Krull. La corneille se pose de nouveau sur l'épaule de la fille.

Trois-Pattes écoute la conversation de Krull et de Kivi sur le seuil de la grotte. Il l'observe : elle a son âge, elle est très mince et porte les cheveux courts. Il admire sa vivacité. Ses jambes, ses bras, son corps tout entier bougent avec rapidité. Avec assurance et grâce, aussi. Trois-Pattes aimerait bien pouvoir bouger ainsi. Mais avec sa béquille…

Kivi montre Trois-Pattes du doigt.

– Et lui, c'est qui ?

Le chaman fait signe à Trois-Pattes de s'approcher du feu.

– C'est Trois-Pattes, mon nouvel aide.

Le garçon a honte de ses pas lents et pénibles, de ses mouvements maladroits. Il a honte de ce pied qui n'est plus un pied. Et que fixe Kivi.

– Qu'est-ce qui t'est arrivé ?

Trois-Pattes hausse les épaules, les laisse retomber. Sans un mot.

Un pli de colère apparaît sur le front de la fille.

– Alors c'est comme ça, tu ne veux rien me dire ? Tu ne veux pas me parler ? Très bien. Peut-être es-tu aussi tombé sur la tête ?

Elle s'absorbe dans la cuisson des poissons posés sur la pierre brûlante.

Trois-Pattes est furieux lui aussi. Il sautille jusqu'au bord de l'abri et leur tourne le dos. Il entend ce que le chaman dit à la fille pendant que son regard se perd dans le brouillard.

– Il est bon d'avoir des jambes rapides et des pensées agiles. Mais il n'est pas bon d'avoir une langue trop leste…

– Mais j'ai seulement… commence Kivi.

Le chaman l'interrompt. Il lui raconte comment il a trouvé Trois-Pattes, comment il l'a soigné. Il explique que le garçon a perdu les images de son passé, mais qu'il fait du bon travail.

Trois-Pattes est heureux d'entendre tout ça. Peu après, une main douce se pose sur son épaule. Kivi dit :

– Je ne voulais pas te blesser. Je suis désolée. Je ne savais pas tout ça. Viens près du feu maintenant, les poissons sont prêts.

Trois-Pattes ne réagit pas. Il continue à fixer le brouillard. Mais lorsque la corneille à tête blanche saute sur son épaule et lui picore l'oreille, il ne peut s'empêcher d'éclater de rire.

Le poisson grillé sent bon et Krull s'apprête déjà à se servir.

– Attends encore un instant, je t'ai apporté un cadeau, dit Kivi.

Elle lui tend un sachet de cuir.

Un large sourire découvre les dents noires de Krull lorsqu'il en aperçoit le contenu. Il plonge la main dans le sachet et laisse couler des grains blancs entre ses doigts. Trois-Pattes demande :

– C'est de la poudre pour peindre ?

Kivi éclate d'un rire clair et sonore. Elle se laisse tomber à la renverse et se roule par terre, riant de plus belle. Elle essaie de reprendre son souffle, mais un rire la secoue de nouveau. Elle s'assied enfin et essuie les larmes qui coulent sur ses joues.

– Non, c'est du sel, pas pour peindre mais pour manger. Regarde ! dit-elle.

Kivi saupoudre les poissons d'un peu de sel, et en tend un à Trois-Pattes.

– Mange. Tu vas aimer. Le sel rend le poisson meilleur. Il est trop précieux pour servir de peinture !

Trois-Pattes goûte avec précaution. Le sel brûle la langue, juste un peu, agréablement. Le poisson est bon avec cette poudre blanche. Du sel pour peindre ! Maintenant, cette pensée le fait sourire lui aussi.

Pendant le repas, Kivi demande à Trois-Pattes :

– As-tu déjà vu la grotte dans laquelle nous passons le temps du grand froid blanc[1] ? Et Krull t'a-t-il déjà présenté à la Grande Femme ?

Trois-Pattes secoue la tête. Kivi jette à Krull un regard chargé de reproches.

– Krull ! Tu ne peux quand même pas laisser Trois-Pattes ainsi dans l'ignorance. Comment veux-

1. L'hiver.

tu qu'il vive avec notre tribu si tu ne lui expliques rien, si tu ne lui parles pas de nos coutumes ? Vraiment, Krull !

Krull finit de mâcher ce qu'il a dans la bouche avant de répondre calmement :

– D'abord, Trois-Pattes ne vivra pas dans votre tribu. Il vit chez moi. Et moi, je ne fais pas partie de votre tribu. Ensuite, chaque chose en son temps. Tu sais quels dégâts peut causer une langue trop leste. Enfin, on ne parle pas la bouche pleine de poisson, ô agile petite Kivi !

Krull la menace du doigt, en souriant.

Kivi se penche en avant, pose les paumes des mains et le front au sol. Sa voix est pleine d'un respect moqueur.

– Ô sublime Krull ! Je te remercie de faire don ainsi de ta sagesse exceptionnelle à l'insignifiante Kivi. Tu es très grand, ô mon Chaman !

Kivi lève les yeux vers Krull en riant. Le chaman essaie de lui donner une tape, mais sa main retombe dans le vide. Kivi a été plus rapide.

Krull soupire en s'adressant à Trois-Pattes.

– Je deviens vieux. Rien d'étonnant à ce que Kivi soit de plus en plus insolente. Et elle réussit trop souvent à éviter mes coups.

– Mais Krull, s'exclame Kivi, tu n'es pas vieux, ni lent ! C'est moi qui deviens de plus en plus rapide !

Elle se rassied tout près du chaman, et passe la main sur sa cape, avant de dire à Trois-Pattes :

– Il ne faut pas en vouloir à Krull. Il n'aime pas parler. Il ne parle que de choses sans importance comme de peintures sur les parois, de gouffres, de grottes et autres choses incompréhensibles. Je vais maintenant t'expliquer les choses essentielles : j'appartiens à la tribu des Trôms, les Hommes-Chevaux. Pendant le temps du grand froid blanc, nous vivons dans une grotte près d'ici, en aval du ruisseau. Lorsque vient le temps des bourgeons verts[1], nous remontons le grand fleuve. Peu d'entre nous restent dans la grotte : les vieux, quelques mères avec leurs enfants et bien sûr aussi Maramuum, la Grande Femme. Elle ne survivrait pas au grand voyage. Quelques chasseurs restent également. Ils doivent approvisionner la grotte en gibier. Mais la majeure partie de la tribu remonte le fleuve pour atteindre les montagnes, où la chasse est meilleure. Là, nous dressons nos tentes de peau, et nous y restons pendant tout le temps chaud des fleurs multicolores[2], jusqu'au temps de la chute des feuilles jaunes[3]. Puis nous revenons à la grotte. D'autres tribus, comme celle des Khors, les Hommes-Aurochs, viennent ici pour attendre avec nous l'arrivée des grandes hardes de cerfs qui suivent la course du soleil. Nous les chassons tous ensemble pour avoir

1. Le printemps.
2. L'été.
3. L'automne.

assez de viande pendant le temps du grand froid blanc. Les différentes tribus se réunissent ici pour une autre raison encore. Il faut que tu saches que la célébrité de Krull le chaman et de sa caverne aux peintures s'étend très loin. Et c'est avec les autres tribus que nous fêtons ici la fête de…

Kivi s'interrompt pour se tourner vers Krull.

– Krull, est-ce que je peux participer cette fois-ci au rite des Mains lors de la fête de la Grande Femme ?

Le chaman ne répond pas. Son regard plonge dans les braises, il est loin.

– Krull ! insiste Kivi.

Le chaman sursaute.

– Quoi ? Qu'est-ce qu'il y a… ?

– Je te demande si je peux participer cette foisci au rite des Mains ? Tu me l'avais promis. Tu te souviens ?

– Le rite des Mains… ? Ah oui. Mais tu sais bien que je ne décide pas seul. La Grande Femme et le chef de la tribu ont leur mot à dire.

– Bien sûr que je le sais. Mais le chef de la tribu, je peux l'entortiller comme de l'herbe mouillée autour du doigt et Maramuum, la Grande Femme, est ma mère. Elle ne peut quand même pas me refuser ça, à moi sa fille.

– N'en sois pas si sûre. Maramuum ne fait pas de différence pour ce genre de chose, fille ou pas. Elle peut être très sévère parfois.

Kivi fait la grimace et hoche la tête. Tous deux se taisent. La corneille picore les restes de poisson. Kivi se lève subitement.

– Il faut vite que j'aille à la grotte saluer ma mère. Et les autres. Avant que la nuit ne tombe complètement.

Kivi part en courant. Son pied se pose avec douceur et reprend son élan pour la course. Se pose, bondit, s'envole, se pose… Elle descend la rivière en sautant d'une pierre à l'autre comme une belette qui poursuit sa proie. Elle se retourne pour crier quelque chose, mais la distance est déjà trop grande pour qu'ils puissent l'entendre. La corneille à tête blanche, plus rapide encore, la précède. Bientôt toutes deux disparaissent dans le crépuscule.

– Comme elle court bien ! dit Trois-Pattes, plein d'admiration.

Krull frotte sa tête chauve.

– Oui, mais je ne suis pas certain qu'elle sache aussi marcher. Je ne l'ai encore jamais vu faire.

Trois-Pattes est couché sur ses fourrures. Cela fait du bien de reposer le corps après le travail dans la caverne. Krull est encore assis devant le feu, et remue des braises du bout d'un bâton. L'obscurité est totale, seul son visage émacié est encore faiblement éclairé par ce qui reste du feu.

– Krull ? murmure Trois-Pattes.

– Oui ?... Je sais, tu voudrais en savoir davantage sur Kivi. Demande !

Trois-Pattes est bouche bée. Comment le chaman peut-il savoir ça ? Il ne sait par où commencer.

– Oui, à propos de Kivi... Est-ce que tous les hommes de la tribu des Trôms peuvent s'adresser à toi avec... ce... manque de respect ? Je veux dire...

Le chaman rit.

– Je sais bien ce que tu veux dire. On ne parle pas à un chaman comme le fait Kivi. Non, heureusement, les autres ne me parlent pas ainsi. Kivi est l'exception. J'aime ses plaisanteries. Il n'est pas bon d'être toujours sérieux et sage. De temps en temps, ça soulage d'ôter sa lourde cape de dignité, et de rire. Pour Kivi, je ne suis pas le grand chaman, qui montre la voie aux tribus. Pour Kivi, je suis tout simplement Krull, qui a bien le droit de s'amuser aussi un peu dans la vie. C'est pour cela que j'aime Kivi.

– Elle t'aime aussi.

– Oui, il semblerait. Je ne comprends pas ce qu'elle peut trouver à un vieux chaman maigre et chauve comme moi. Les femmes ont souvent des pensées curieuses. La mère de Kivi, Maramuum, est à beaucoup d'égards une femme très sensée. Mais elle s'imagine que je suis le... le... l'homme-mère[1] de Kivi. Un mot affreux ! Il doit venir de la langue des rhinocéros, tellement il est stupide. Un homme-mère...

1. Le père.

Krull lève les yeux au ciel en secouant la tête.

– La neige tombe des nuages, le ruisseau jaillit de la montagne, les baies poussent sur les buissons et les femmes mettent des enfants au monde. C'est ainsi. Mais qu'avons-nous à voir là-dedans, nous les hommes ?

Krull jette quelques brindilles sur les braises, et son visage se met à rougeoyer. Ses yeux cependant sont toujours mangés par l'obscurité.

– Autrefois, j'ai vécu pendant quelque temps avec Maramuum, la Grande Femme. C'était une époque bien agréable, et nous nous sommes souvent blottis l'un contre l'autre sous les fourrures, et… enfin, tu sais bien. Moi je dis que ça n'a rien à voir avec Kivi ! La Grande Femme prétend le contraire. Et Kivi croit donc que je suis son… homme-mère, encore ce mot. Voilà pourquoi il lui manque le respect nécessaire.

Krull se lève, s'étire et se met à marcher de long en large.

– Et même s'il y avait une once de vérité dans ces stupidités de rhinocéros, pense donc où cela nous mènerait : ce serait la fin des tribus. Il est déjà bien assez grave de voir combien les femmes préfèrent leur propre enfant. Elles s'occupent à peine de ceux qui n'ont plus de mère. Parfois les hommes donnent à la femme avec laquelle ils vivent le plus beau et le plus gros morceau de leur chasse. Alors que les femmes sans homme n'ont droit qu'au rebut. C'est ainsi, et ce n'est pas bien. Si un jour il y a vraiment des… hommes-mères, ils ne s'occuperont que de leur propre enfant, ne protégeront que lui. Et la vie tribale ne sera plus possible. Tu comprends ?

Krull entend ronfler doucement Trois-Pattes. Il bougonne encore quelque chose avant de s'allonger et de s'assoupir à son tour.

Au cours de la nuit, Trois-Pattes se réveille en sursaut. Les braises sont éteintes, le chaman dort sur sa couche, tout est silencieux. Trois-Pattes ne sait pas pourquoi il s'est réveillé et referme les yeux.

C'est alors qu'il entend un léger bruit de pas venant de la grotte. Puis plus rien. Trois-Pattes fixe l'obscurité, trop profonde pour qu'il puisse distinguer quoi que ce soit.

Soudain, une ombre se glisse près de sa couche et bondit par-dessus le foyer. Pendant un instant trop bref, Trois-Pattes aperçoit des contours indistincts. L'ombre a déjà disparu. Le silence est revenu.

Trois-Pattes n'ose pas réveiller le chaman. Mais il passe la nuit à écouter le silence. Terrorisé.

CHAPITRE 4

Trois-Pattes écrase des pierres noires. Ses mains sont noires, tout comme son visage et son cou, car il est souvent obligé d'écraser des mouches agressives.

Il repense à la nuit dernière, à l'ombre qui s'est glissée hors de la grotte. Ça devait être un rêve, car Trois-Pattes rêve souvent. De cette poussière rouge derrière laquelle se cachent les images de son passé. À son réveil, il ne se souvient plus de rien. Seule la poussière rouge demeure dans sa tête. Mais des ombres noires ne sont encore jamais apparues dans ses rêves.

La nappe de brouillard qui pesait sur la vallée s'est dissipée. Le soleil a déjà fait son chemin jusqu'à l'entrée de la grotte, et bientôt il aura dévoré les derniers lambeaux de brume.

Bouche-Cousue remonte le long du ruisseau. Il peine en portant un panier qu'il vient déposer devant Krull. Le panier est plein de gros champignons bruns.

Bouche-Cousue parle à Krull avec ses mains. Il fait rapidement les signes suivants : vague dans l'air – main creuse – index pointé sur l'aval de la rivière – poing, pouce dressé – main ouverte, les doigts tendus – index pointé vers le sol – le bout de l'index et du pouce se touchent presque.

Krull acquiesce. Bouche-Cousue porte les champignons dans la réserve.

Trois-Pattes regarde Krull avec curiosité. Le chaman dit :

– Tu dois apprendre à entendre Bouche-Cousue avec les yeux. Ce n'est pas difficile. Regarde.

Tout en parlant, Krull imite les gestes que vient de faire Bouche-Cousue.

– Les Hommes-Chevaux sont arrivés près de la grotte, en aval de la rivière. Le chef de la tribu et cinq hommes viennent ici. Ils seront bientôt là.

Trois-Pattes est content. Il comprend les signes. Seule la vague dans l'air lui échappe. Il imite le mouvement.

– Ah, oui ! Tête, encolure et croupe de cheval : les Hommes-Chevaux ! Les Trôms !

Trois-Pattes les aperçoit déjà qui longent le ruisseau. Le chef de la tribu des Trôms marche en tête. Il est grand et massif. Ses longs cheveux sont attachés haut sur le crâne, à la manière d'une queue de cheval. Une cicatrice rouge barre son visage. La peau de cheval blanc, jetée sur ses épaules, et les grandes dents portées en sautoir le désignent comme chef.

Cinq hommes le suivent. Ils portent des lances de la longueur de deux hommes. L'un d'eux tient un paquet de fourrures. Ils s'arrêtent devant le toit de rocher. Le chef s'avance vers Krull et incline la tête. Sa voix rappelle à Trois-Pattes le bruit que font les pierres noires qu'il concasse.

– Salut, Chaman ! La tribu des Trôms est de retour. Notre chasse fut mauvaise. Voici ta part.

Il tend à Krull le paquet de fourrures. Celui-ci les donne à Trois-Pattes, qui remarque combien elles sont de mauvaise qualité. Raides, sans poils par endroits. Krull le voit aussi, mais son visage reste de marbre.

– Salut à toi, Tl-Tl*, chef de la tribu des Trôms. Je suis peiné d'apprendre que votre chasse fut mauvaise. Les fourrures le disent.

Il invite d'un geste de la main les hommes à s'asseoir près de lui, tandis que Trois-Pattes va ranger les fourrures dans la réserve.

– Qui est celui-là ? demande Tl-Tl en désignant Trois-Pattes du menton.

« Celui-là » ne mérite pas que l'on se donne la peine de lever le bras.

– Trois-Pattes, mon aide. Je l'ai trouvé loin d'ici, au bord du Grand Fleuve.

– Il ne vaut rien avec son moignon, dit Tl-Tl. Chasse-le !

– Ou donne-le à Bouche-Cousue comme appât pour ses pièges, lance un homme à la barbe rousse en broussaille.

Les autres rient bruyamment. L'homme à la barbe rousse rit le plus fort en ouvrant grand la bouche. Il lui manque les dents de devant.

Krull ne rit pas. Il dit avec sérieux :

– Trois-Pattes est avec moi. Il n'appartient pas à la tribu des Trôms. C'est donc mon affaire de savoir s'il reste ou pas. Chaque homme sait faire quelque chose d'utile pour les autres.

– Bien sûr que c'est ton affaire, Chaman, dit Tl-Tl. Ce n'était qu'un conseil de ma part. Il va se remplir la panse, et pour ce qui est de t'aider, tu ne pourras pas en tirer grand-chose. Chez nous, les Trôms, on ne tolère pas d'estropié.

Trois-Pattes contourne les hommes pour se rapprocher de l'entrée de la caverne. Comme par hasard, l'homme à la barbe rousse laisse rouler sa lance entre les jambes du garçon qui tombe durement sur le sol.

Les hommes s'esclaffent, et l'homme s'écrie :

– Chaman ! Donne-lui donc une quatrième patte, trois ne lui suffisent pas !

Trois-Pattes se met aussi vite qu'il peut hors de portée des hommes.

Alors Krull se tourne vers l'homme à la barbe rousse. Il s'adresse à lui d'une voix douce comme le miel. Mais Trois-Pattes entend le poison derrière le miel.

– Barbe-en-Feu, tu es un chasseur expérimenté, dit Krull, et tu sais que chaque harde a sa bête noire qui doit se tenir à l'écart. Elle est faiblarde et son poil est tout ébouriffé parce que les autres la repoussent à coups de dents et à coups de griffes.

Krull jette un regard autour de lui. Les hommes acquiescent, et il poursuit.

– Ce ne sont pourtant pas les animaux robustes qui la repoussent. Non, ceux-là sont bien trop fiers pour lui prêter attention.

Les hommes acquiescent encore.

– C'est bien plutôt l'avant-dernière bête de la harde qui rend la vie impossible à la dernière. Ainsi elle veut dire : « Je suis certes faible, bête, laide et bonne à rien, mais il y a une autre bête, qui vaut encore moins que moi. Je ne suis pas la dernière chiure de rhinocéros, juste l'avant-dernière…

Les hommes se taisent. Seul Tl-Tl se met à ricaner méchamment en regardant Barbe-en-Feu. Les autres réagissent un temps plus tard. À leur tour, ils se moquent bruyamment de leur compagnon.

Quant à Barbe-en-Feu, il n'a pas encore compris. Il regarde le chaman et les hommes avec de grands yeux étonnés. Pourquoi rient-ils ? Enfin, il comprend. Lentement, son visage prend la couleur de sa barbe. Il hurle, le visage injecté de sang :

– Chaman, veux-tu dire par là que je suis faible, bête, laid, bon à rien, que je suis l'avant-dernière chiure de rhinocéros… ?

Il saisit sa lance et veut sauter sur ses pieds. Mais la voix du chef le cloue sur place. Elle ne sonne plus comme les pierres que l'on casse, elle ressemble maintenant au bruit du rocher qui dévale la montagne. La cicatrice sur le visage de Tl-Tl tressaille comme un serpent rouge.

– Barbe-en-Feu ! Reste assis ! Les dents de devant te manquent déjà !

Tl-Tl n'a pas besoin d'en dire plus. Barbe-en-Feu a très vite compris cette fois et baisse la tête. Tl-Tl joue avec les dents enfilées sur le lacet.

Krull esquisse un sourire. Le poison a fait son effet.

Puis le visage du chaman redevient grave.

– Venons-en maintenant à l'essentiel. Tu es venu me dire quelque chose d'important, Tl-Tl. Parle !

– Comme tu le sais, Chaman, notre chasse dans les Montagnes noires fut mauvaise. Comme l'a été la dernière Chasse collective. C'est tout juste si nous avons pu traverser le long temps du grand froid blanc. Et la chasse précédente ne fut pas bien meilleure.

Tl-Tl se penche vers le chaman et murmure :

– C'est à cause de la salle des Rites. Ses peintures n'ont plus de force ni de magie. Les esprits qui les habitent ne veulent plus nous aider. Chaman, songe aux temps anciens. Nous avons rabattu une harde entière de bouquetins* vers la falaise. Tant et tant sont tombés dans le ravin que nous avons eu de la viande, plus que nous ne pouvions en manger. Cette prise nous aurait aisément nourris durant trois temps de grand froid blanc. Et maintenant ? Rien que de petites hardes, et pas de chance à la chasse. La salle des Rites n'est plus ce qu'elle était autrefois.

– Peut-être que les lances de la tribu des Hommes-Chevaux ne sont plus ce qu'elles étaient, elles non plus.

Le serpent rouge tressaille sur le visage de Tl-Tl.

– Jacasserie d'oiseau, Chaman. Nous avons besoin d'une nouvelle salle des Rites et de nouvelles peintures. De nouvelles forces, de nouveaux pouvoirs magiques, de nouveaux esprits. Tu es chaman, tu sais tout ça.

Krull acquiesce :

– Je le sais. Mais toi aussi, tu sais combien de chamans ont travaillé avant moi dans la salle des Rites, avant qu'elle ne soit ce qu'elle est devenue. Cela nécessite du temps, du travail. Les peintures ne se font pas toutes seules.

Tl-Tl veut parler, mais le chaman lève la main.

– Chef de la tribu des Hommes-Chevaux, écoute cette bonne nouvelle : j'ai trouvé une nouvelle salle des Rites. Cachée loin au sein de la montagne. Il est difficile d'y accéder, mais cela donne au lieu d'autant plus de force et de mystère. Il manque encore les peintures. Nous fêterons la fête de la Grande Femme dans l'ancienne salle. Et peut-être la fête de la Chasse collective dans la nouvelle. Peut-être...

Les hommes hochent la tête, satisfaits. Le chef ajoute :

– Pas peut-être. Certainement !

– Peut-être ! répète Krull.

Le serpent rouge sur le visage de Tl-Tl tressaille encore l'espace d'un instant. Il se lève.

– Salut, Chaman.

– Salut, Chef des Trôms.

Les hommes s'éloignent.

Aucun d'entre eux n'a eu de regard pour Trois-Pattes. Il n'existe pas. Seul Barbe-en-Feu lui jette un coup d'œil perçant. Le garçon sait qu'il préférerait lui envoyer une lance bien affûtée…

Trois-Pattes est accroupi au soleil, près de Krull. Le chaman a posé devant lui l'omoplate d'un cerf. A l'aide d'une pierre acérée, il en découpe une rondelle.

– Krull, dit Trois-Pattes, je n'arrive pas à dire le nom du chef de la tribu des Trôms. Il sonne comme le sabot d'un cheval sur la roche dure. Comment le prononces-tu ?

Krull détache la rondelle de l'omoplate et en lisse les arêtes sur une pierre rugueuse. Il grave un cercle tout près du bord. Puis il trace des stries de ce cercle vers le bord. Enfin il répond à Trois-Pattes :

– Tu tends la pointe de ta langue vers ton palais comme une branche de noisetier. Puis tu lâches. La langue claque vers le bas en faisant tl. Comme ça : tl-tl-tl-tl.

Trois-Pattes observe la langue noire dans la bouche noire. Puis il fait une tentative. D'abord sans succès, mais bientôt il réussit. « Tl-Tl… Tl-Tl… » Il s'entraîne à répéter le nom du chef des Trôms en regardant Krull travailler.

Avec la pointe d'une pierre, le chaman dessine un bison* sur la rondelle en os. L'animal est massif. On l'imagine volontiers violent et dangereux. Puis Krull perce un trou au centre. Il y passe un lacet en cuir dont il noue les extrémités.

– Tl-Tl, Tl-Tl… L'homme à la voix d'avalanche a un nom silencieux, dit Trois-Pattes. Impossible de brailler « Tl-Tl » pour l'appeler.

– Ce n'est pas nécessaire d'appeler Tl-Tl. C'est lui qui t'appelle.

Le chaman passe la rondelle avec le bison à son cou, et disparaît sous le toit de rocher.

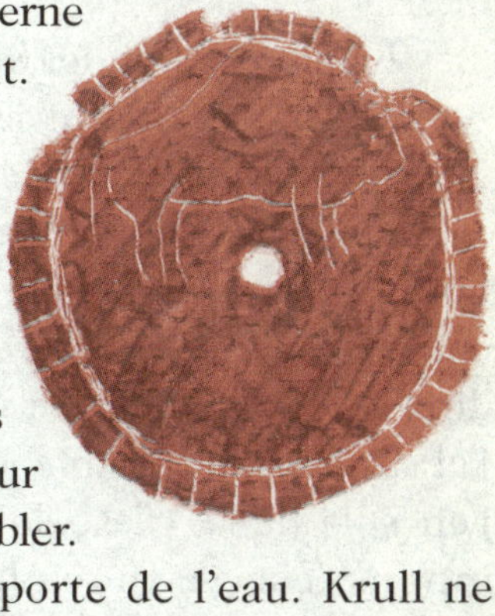

Krull ne ressort de la caverne qu'à la tombée de la nuit. Trois-Pattes ne l'a encore jamais vu ainsi. Le chaman s'approche du feu à petits pas raides, le visage figé, la tête et le buste penchés en avant. Il serre étroitement les coudes contre son corps pour empêcher ses mains de trembler.

Bouche-Cousue lui apporte de l'eau. Krull ne saisit le gobelet qu'à grand-peine, renverse beaucoup d'eau. Puis, peu à peu, son corps se relâche, ses mains se calment.

– Ça va mieux, chuchote Krull.

Ses yeux ont l'air morts de fatigue.

Bouche-Cousue a enduit les champignons de graisse avant de les recouvrir d'herbes aromatiques. Ils cuisent maintenant sur la pierre brûlante. Krull touche à peine au repas. Quant à Bouche-Cousue et Trois-Pattes, ils s'empiffrent. Enfin rassasié, Trois-Pattes s'adosse à la paroi et dit :

– Krull, est-ce que je pourrai t'aider à peindre dans la nouvelle grotte ?

Krull ne répond pas tout de suite.

– Oui, j'aurai besoin de ton aide, dit-il en hochant la tête. Beaucoup de travail nous attend. Je suis fatigué et j'ai peur. Peur de commencer cette œuvre, peur de ne pas avoir la force de la mener à bien.

Krull poursuit, les yeux fermés.

– Je ne crains ni le jugement de la tribu des Hommes-Chevaux, ni celui de la tribu des Hommes-Aurochs. Peu d'hommes savent différencier une bonne d'une mauvaise peinture. Mais lorsque je contemple une peinture terminée, je dois pouvoir dire : « Oui, l'animal est vrai. Il vivait sur la roche, et j'ai su le rendre visible. C'est une bonne peinture et j'en suis fier. » C'est de moi que j'ai peur, de mon intransigeance. J'ai vu beaucoup de peintures dans les grottes. Je sais qu'il en existe de mauvaises et de fausses. Même ici, dans cette grotte, il existe des peintures de chevaux faites d'après un modèle : un chaman a reproduit un cheval sur une peau de bête, d'après une peinture de la grotte. Après l'avoir découpé, il a posé ce cheval en cuir contre la roche, et repassé les contours. Beaucoup de chevaux sont nés ainsi. L'un ressemble à l'autre. Ce sont de fausses peintures, leur magie est sans effet. Je ne veux pas être un faux chaman, ni peindre de fausses peintures. Mais cela demande une force que j'ai peur de pas avoir. Parfois, mes mains se mettent à trembler, et mon corps est comme paralysé. D'autres fois, je suis fatigué, si fatigué…

Trois-Pattes est allongé sur sa couche. Lui aussi a peur, pour Krull, pour lui-même. Le chaman est malade. Pour l'instant, il peut encore protéger Trois-Pattes. Combien de temps encore ? Lorsque Krull ne sera plus, qui protégera Trois-Pattes contre Barbe-en-Feu, contre Tl-Tl, contre la tribu des Hommes-Chevaux, qui ne tolère pas les estropiés ?

CHAPITRE 5

Il est encore tôt lorsqu'un bruit de voix réveille Trois-Pattes. Le chaman et quatre hommes se réchauffent près du feu.

– ... et vous, espèces de rhinocéros, vous avez besoin de l'image du bison. Aujourd'hui encore ! Par la bosse de mammouth purulente.

Trois-Pattes entend que Krull est de mauvaise humeur à sa voix bougonne. Le nez de l'homme, assis près de lui, ressemble à un bec d'oiseau. Il parle d'une voix aiguë, nasillarde.

– Chaman, la petite harde de bisons près du fleuve n'attendra pas. Les bisons se moquent bien des traditions des hommes.

Krull passe la main sur son crâne lisse en ronchonnant. Puis il dit :

– Bec-d'Oiseau, tu sais que la chasse est dangereuse, si elle n'est pas mûrement préparée. Tl-Tl est d'accord pour vous laisser chasser le bison ?

– Oui, le chef le veut ainsi. Nous avons besoin de viande, de fourrure...

– C'est bon. Je vous ferai appeler quand tout sera préparé. Ce soir peut-être.

Les hommes s'en vont. D'un geste agacé, Krull verse le reste de la soupe d'herbes dans le feu.

Trois-Pattes est à peine levé de sa couche que le chaman charge un panier sur son dos : poudre de peinture, torches, fagots, sacs…

Puis il s'enfonce rapidement dans la galerie en direction de la salle des Rites. Trois-Pattes a du mal à le suivre. Le chaman ne s'en préoccupe pas. Il est en colère et marmonne des phrases incompréhensibles. Trois-Pattes ne saisit que « bande de rhinocéros ».

Parvenu dans la salle, Krull s'engage dans une autre galerie, que Trois-Pattes n'avait pas remarquée la première fois. Des chevaux, des aurochs, des cerfs, des bouquetins surgissent dans la lumière de la torche. Ils disparaissent beaucoup trop vite, avalés par l'obscurité. Là, un cheval tombe dans un précipice. La torche ne

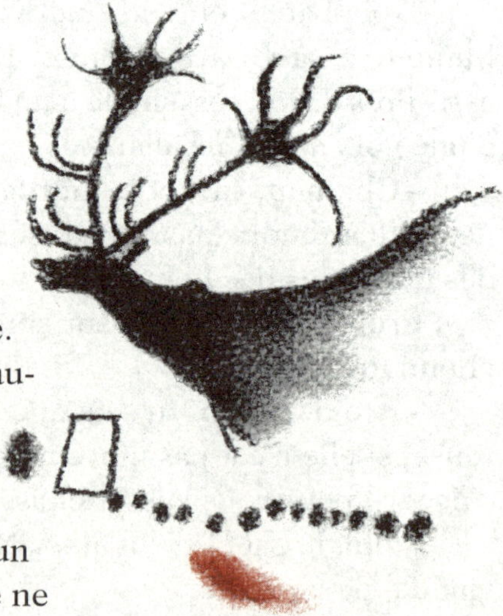

l'éclaire que l'espace d'un instant avant de poursuivre son chemin.

Trois-Pattes aimerait s'arrêter, regarder. Krull ne s'en préoccupe pas. Il avance, et trop vite pour les trois pattes du garçon. Le sol est parsemé de pierres, la béquille dérape souvent. Il se fait distancer. La lumière de la torche s'affaiblit. Chaque fois que le chaman disparaît derrière un coude de la galerie, l'obscurité se fait. C'est à peine si le garçon voit le chemin. Enfin Krull s'arrête.

Trois-Pattes jette la corbeille à terre et s'allonge, épuisé. Il reprend péniblement son souffle. Son aisselle le fait souffrir. La sueur brûle ses plaies.

Krull enfonce des torches dans les anfractuosités de la roche. Cette grotte est beaucoup plus petite que la salle des Rites, mais très haute. Les pas de Krull résonnent très fort.

– Vois comment on allume les lampes* à graisse, dit le chaman.

Il remplit à ras bord de graisse la cavité creusée dans une pierre. Puis il enflamme un copeau de bois enduit de résine, et l'y enfonce. La graisse fond. Une flamme petite, mais lumineuse, s'élève.

– Les lampes à graisse sont parfaites pour peindre. Leur flamme est plus calme que celle des torches. Elle ne vacille pas et donne une belle lumière jaune. Ces lampes brûlent longtemps. Fais-m'en trois.

Pendant que Trois-Pattes s'affaire, Krull examine les parois. Il passe la main sur la roche, l'éclaire sous plusieurs angles. Parfois, il recule d'un pas, penche la tête sur le côté et fixe la pierre, les yeux plissés.

Trois-Pattes, lui aussi, regarde autour de lui. Dans un coin, il y a des pierres qui poussent. Des pierres suspendues ou dressées, des petites, des grandes. Sur les parois, des peintures d'animaux. Elles sont pâles, effacées, à peine visibles. Certaines sont grattées, d'autres recouvertes de nouvelles peintures. Et d'autres encore sont en partie envahies par des pierres qui poussent. Trois-Pattes suppose qu'elles ont été peintes il y a très, très longtemps.

Le chaman s'est assis devant un pan de paroi, où les lampes éclairent une surface lisse. Il met de la poudre noire dans sa bouche, mâche quelques instants avant de laisser couler la salive noire dans un os creux.

– Avec de la salive, la couleur tient mieux sur le mur qu'avec de l'eau, dit Krull avant de se remplir de nouveau la bouche de poudre.

Le gobelet en os est bientôt plein. Le chaman ferme les yeux et reste complètement immobile.

Il reste longtemps ainsi. Trois-Pattes croit qu'il s'est endormi, lorsqu'il se met à bouger lentement le haut du corps d'avant en arrière. Il module des sons au rythme des mouvements de son buste. Krull chante dans une langue que Trois-Pattes ne comprend pas. Les sons s'amplifient, tandis que le corps accélère son balancement. Le chant devient aigu, les mouvements saccadés. Soudain, un cri perçant. Puis le silence. Krull bascule en avant. Sa tête chauve heurte la paroi.

– Krull ! crie Trois-Pattes.

Krull ne répond pas. Trois-Pattes le saisit par les épaules pour le redresser. Les yeux du chaman sont grand ouverts et regardent fixement la paroi. Ils semblent perforer la roche, passer au travers, comme s'ils contemplaient un autre monde. Dans le visage figé, les lèvres noires sourient.

Trois-Pattes a peur. Pourquoi le chaman ne bouge-t-il pas ? Est-il mort ? Veut-il encore rester dans cet autre monde pour y chercher le bison ?

Enfin, Krull cligne des yeux, relâche les épaules. Trois-Pattes soupire de soulagement.

Vers le bas de la paroi, la roche est claire et tendre. Krull y trace des traits avec son ongle. Des traits confus, enlacés. Ils se tortillent comme dans un nid de serpents. Sans cesse les traits font une boucle, puis se mêlent à d'autres lignes, s'entortillent en une pelote embrouillée.

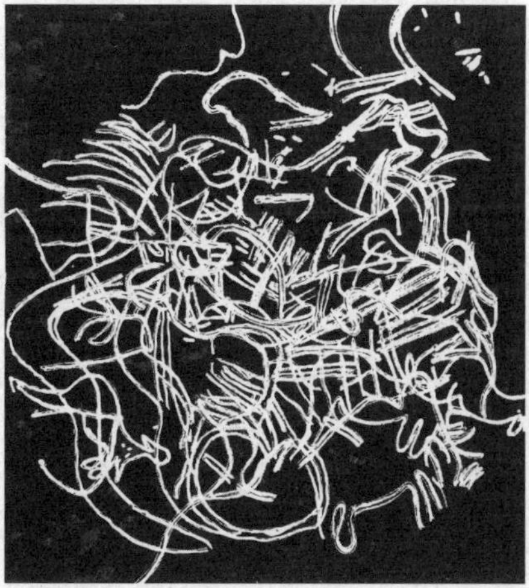

Trois-Pattes ne reconnaît aucun animal. Ça, un bison ? Il est déçu. Ce sont des gribouillis ! N'importe qui sait faire ça ! Même lui !

Soudain, Krull saute sur ses pieds. Grand et droit, les yeux brillants, il fait signe à Trois-Pattes de lui tenir une lampe à graisse.

Le chaman commence à dessiner avec le bout calciné d'une torche éteinte. Sa main glisse avec habileté sur la roche et y laisse de grands traits puissants. Pas un de trop. Pas de retouches. Krull voit sans doute le bison sur la roche. Sa main est si rapide, si sûre ! Avant que le dessin ne soit complètement terminé, Trois-Pattes aperçoit à son tour l'animal que Krull avait repéré sur la roche encore vierge.

Mais le chaman n'a pas terminé. Il plonge le doigt dans le gobelet en os et s'enduit les lèvres de peinture noire. Il approche son visage de la paroi et souffle la peinture sur le bison. Puis il couvre du doigt l'œil du bison pour qu'il reste blanc, et souffle. Les gouttelettes d'un noir profond s'infiltrent dans les moindres fissures, et couvrent le bison que Krull a fait naître de son souffle. Le dos et les épaules sont épargnés par endroits. Krull y souffle de la peinture rouge.

Le chaman n'est toujours pas satisfait. Avec un pinceau, il repasse les contours du bison en noir, ajoute les sabots, les cornes, la queue et la crinière.

Il n'a pas ouvert la bouche pendant tout ce temps. D'un geste de la main, il a indiqué à Trois-

Pattes où tenir la lumière. Il a travaillé d'une traite, sans hésitation.

Trois-Pattes s'est tu, lui aussi, subjugué par la naissance du bison.

– C'est terminé.

Le chaman recule de quelques pas et hoche la tête, satisfait. Puis il s'enveloppe dans son manteau et se couche sous le bison.

– Tu peux y aller, je te rejoindrai plus tard, dit-il à Trois-Pattes.

Le vieil homme s'est déjà endormi.

Trois-Pattes est assis sous le toit de rocher, à côté de Krull, qui mange des noisettes et des myrtilles. Il attend Bec-d'Oiseau et les trois autres chasseurs que Bouche-Cousue est allé chercher. Bientôt le soleil disparaîtra derrière les Montagnes noires.

Krull est sorti très tard de la caverne. Il est allé se laver au ruisseau mais il a toujours des traces de couleur rouge et noire sur le visage. Trois-Pattes le questionne :

– Krull, pourquoi faut-il peindre l'animal sur la roche avant la chasse ?

– Pour que le monde reste en équilibre, répond le chaman en cassant une noisette avec les dents.

Trois-Pattes ne comprend pas.

Alors Krull pose une dalle en équilibre sur une pierre pointue. Il dépose à chaque extrémité des baies et des noisettes, des galets. La dalle vacille un instant avant de se stabiliser. Krull enlève une noisette et dit :

– Si j'enlève une noisette au monde, ça ne lui fait rien. La noisette est petite et la prochaine fois que les feuilles seront jaunes, il en poussera plein sur les arbustes, et tellement qu'on ne pourra pas les manger toutes.

Krull met quelques baies dans sa bouche et dit tout en les mâchant :

– Tu vois, tout est encore en équilibre. Mais si je prends au monde une bête aussi grande et importante qu'un bison, le monde peut facilement basculer.

Krull enlève l'un des galets. La dalle bascule. Les noisettes et les baies roulent à terre.

– Tu vois ce qui peut arriver. C'est pourquoi nous remplaçons ce que nous prenons au monde, pour que l'équilibre demeure. C'est pour cela que j'ai peint le bison dans la grotte.

Krull recrache une coquille de noisette et s'essuie la bouche du revers de la main.

– Te souviens-tu de ce que Tl-Tl, le chef de la tribu, a raconté à propos d'une chasse au bouquetin ? Comment ils ont rabattu toute une harde vers une falaise, et comment de nombreuses bêtes se sont écrasées en bas ?

Trois-Pattes acquiesce.

– Ce n'était pas bien. Trop de bêtes. Évidemment, les chasseurs ont hurlé de joie et il y a eu assez à manger pendant tout le temps du grand froid blanc. Même si les loups et les hyènes sont venus chercher une bonne part du butin. Il est difficile de trouver une compensation pour tant d'animaux morts. Depuis cette battue, le monde est un peu en déséquilibre. Les hardes de bouquetins sont devenues petites et rares, et la chance a abandonné la tribu des Hommes-Chevaux…

CHAPITRE 6

Bec-d'Oiseau et ses compagnons se sont parés des couleurs de la chasse. La partie inférieure de leur visage est rouge, la partie supérieure noire. Les yeux y luisent, blancs comme des coquillages. Bec-d'Oiseau a tressé dans ses cheveux des plumes de canard, au miroitement vert.

Les chasseurs déposent les longues sagaies devant l'abri et n'emportent que les épieux et les harpons dans la grotte. Le chaman devant, Bouche-Cousue et Trois-Pattes derrière, ils vont tous sans un mot jusqu'à la grotte au bison.

Les chasseurs s'assoient en cercle autour de la peinture. Deux torches éclairent le bison sur la paroi. Une autre torche éclaire les pierres qui poussent. C'est là que se poste Bouche-Cousue. Le chaman disparaît dans une niche obscure.

Trois-Pattes reste en retrait et attend. Rien ne se passe. Puis quelque chose se produit dans son oreille. Un son aigu y pénètre et vibre à l'intérieur de sa tête. Il s'amplifie puis décroît par vagues lentes. Un autre son, grave, enfle jusqu'à remplir toute la tête de Trois-Pattes. Ce bourdonnement devient insupportable. Mais son regard tombe sur Bouche-Cousue. Et il comprend.

Bouche-Cousue tient dans chaque main un bâton, dont une extrémité est entourée de fourrure. Avec ces bâtons, il frappe les pierres qui poussent. Une pierre, un coup… un son différent. Les sons vibrent, se propagent, se heurtent à la voûte qui les renvoie vers l'oreille de Trois-Pattes. Maintenant ils deviennent de plus en plus graves et résonnent comme le meuglement des aurochs dans la nuit.

Trois-Pattes sursaute. Un bison bondit de l'obscurité et atterrit devant les chasseurs, dans l'espace éclairé par les torches. La crinière ébouriffée, les cornes pointées en avant, l'animal secoue sauvagement la tête. Ses yeux brillent. Les sabots frappent rageusement le sol au rythme des sons. Il balance la tête comme s'il voulait écarter des ennemis invisibles.

Un vague pressentiment s'empare de Trois-Pattes. Sous la fourrure de bison se cache un homme. Peut-être Krull. Trois-Pattes n'est sûr de rien.

Les sons deviennent plus rapides. Les graves et les aigus alternent. Aigu, grave, aigu…

Bec-d'Oiseau se met à danser autour du bison en brandissant sa sagaie bien haut au-dessus de sa tête. Les autres hommes suivent son exemple. La cadence des jambes s'accélère. Les danseurs menacent le bison de leurs armes, font mine de vouloir le transpercer de leurs épieux.

Les mouvements du bison deviennent plus furieux, ses cornes frappent plus vite. Les chasseurs évitent habilement les coups. Ils crient et halètent. La sueur ruisselle sur leur visage, la couleur noire se mélange à la rouge.

Plus vite, plus fort, leur disent les pierres qui poussent, frappées par Bouche-Cousue. Les grandes ombres déformées des chasseurs dansent sur la voûte et les parois. Elles passent sur le bison gravé dans la roche. Lumière, ombre, lumière… l'animal semble lui aussi courir, se ruer sur eux.

Soudain, le bison qui trépigne au milieu des hommes arrache brutalement les torches et piétine les flammes sous ses sabots.

Trois-Pattes distingue à peine ce qui se passe derrière les nuées de fumée noire. Si, voilà que Bec-d'Oiseau frappe et touche le bison au cou ! Un jet de sang impressionnant colore en rouge le bras du chasseur. Le bison hurle. Il tressaille de tout son corps avant de s'affaisser lentement. Le sang coule à flots, s'étale en une flaque de plus en plus large autour de lui.

Le silence. Seule la respiration haletante des hommes est perceptible. Tous fixent le bison mort.

Un chuintement. La dernière torche s'éteint. Il fait maintenant nuit noire dans la grotte.

Trois-Pattes a peur. Si le chaman se cachait sous la peau du bison, il doit être blessé ou même mort.

Sans Krull, le garçon se sent perdu. Pourquoi personne n'aide-t-il Krull ? Pourquoi Bouche-Cousue a-t-il éteint la dernière torche ?

Une petite lueur apparaît près des pierres qui poussent. Bientôt de belles flammes claires s'élèvent de la torche que Bouche-Cousue vient d'allumer.

Trois-Pattes cherche le bison mort du regard. Il a disparu. À côté de la tache de sang qui luit encore sur le sol, se tient Krull, un sourire sur ses lèvres minces et noires.

– Bien. Vos lances tueront le bison.

Les visages des chasseurs, barbouillés de noir et de rouge, ruisselants de sueur, expriment la joie. Ils sont fiers des compliments du chaman.

Krull prend la médaille en os qui pend autour de son cou, et sur laquelle il a gravé le bison. Il la tend à Bec-d'Oiseau puis lui dit en posant sa main sur son épaule :

– Fais bien attention à toi. Tu sais que les cornes du bison sont pointues.

Bec-d'Oiseau acquiesce en souriant. Il passe rapidement la main sur la cape du chaman.

Krull donne à l'un des chasseurs un coquillage rempli de couleur rouge en lui désignant un endroit sur la roche près du bison. L'homme passe de la couleur rouge sur ses lèvres et souffle. Un point se forme, duveteux comme un nuage rouge sur le ciel du matin. Les autres soufflent leur point à côté du sien. Bec-d'Oiseau est le dernier. Il a mis trop de couleur sur ses lèvres. Son point s'étale, de la couleur rouge s'en échappe, coule sur la roche, comme une larme.

Trois-Pattes est allongé sur sa couche. Il est fatigué, mais ne parvient pas à s'endormir. Trop de choses se sont passées. Trop de questions se bousculent dans sa tête.

La respiration régulière de Bouche-Cousue indique à Trois-Pattes qu'il dort, car il ne ronfle jamais. Il ne parle même pas dans son sommeil.

Aucun ronflement ne s'élève du côté de Krull, alors que le chaman parle habituellement la langue du sommeil d'une voix rauque et sonore.

– Krull ? appelle Trois-Pattes à mi-voix.

– Non, je ne dors pas. Pose ta question.

– Était-ce toi qui te cachais sous la fourrure du bison ? Et si c'était toi, pourquoi n'as-tu aucune blessure alors que tant de sang s'est échappé de l'animal ? Et pourquoi... ?

– Pose tes questions de rhinocéros à quelqu'un d'autre. Je suis un chaman, pas une grenouille qui coasse ses secrets dans la nuit.

Krull rit doucement.

Trois-Pattes est maintenant certain que le chaman se cachait bien sous la fourrure du bison. Il se dit qu'il finira bien par connaître la raison de tout ce sang. Il y a encore beaucoup de choses que Trois-Pattes aimerait savoir.

– Krull, tu as peint le bison pour maintenir l'équilibre du monde. Alors à quoi servent cette danse, la mort du bison, tout ce sang et les points rouges ?

Krull ne répond pas tout de suite. Trois-Pattes ne le voit pas, mais il sait qu'il passe sa main sur son crâne chauve.

– Cette question est déjà meilleure. Sauf que… je ne suis pas si sûr de la réponse. Le chaman avant moi a fait ainsi, et le chaman avant lui également. Le vieil homme là-bas dans la grotte de la tribu des Hommes-Chevaux, celui dont personne ne connaît l'âge et qui était déjà vieux quand les vieux étaient encore jeunes, eh bien ! cet homme dit qu'on a toujours agi ainsi. En tout cas, ce n'était pas une erreur de procéder ainsi, sinon l'équilibre du monde serait rompu depuis longtemps.

Krull se tait un long moment et Trois-Pattes croit qu'il n'en dira pas davantage, mais il poursuit :

– Ce que tu as vu dans la montagne, c'est la préparation à la chasse. Un seul désir doit rester dans la tête des chasseurs : « Tue le bison ! » Une seule action doit être martelée dans leur corps par la danse : « Tue le bison ! » Une seule vision doit s'inscrire avec du sang dans leur imagination : « Tue le bison ! » Une seule pensée doit être gravée par les flammes dans leur esprit : « Tue le bison ! » Tout doit s'unir en un hurlement, un trépignement, une brûlure : « Tue le bison ! » Et cette impression doit rester vivante en eux jusqu'à ce qu'ils plantent leur sagaie dans le corps de l'animal. Les points rouges disent, eux : « Nous sommes tous ensemble. Nous nous apportons aide et secours. Nous avons tous le même but : « Tue le bison ! » Ce n'est qu'ainsi que la chasse peut réussir.

Krull a parlé de plus en plus fort, de plus en plus vite. Il reprend son souffle, puis bâille.

– Mes pensées, elles aussi, n'ont plus qu'un but : dormir, dormir, dormir…

CHAPITRE 7

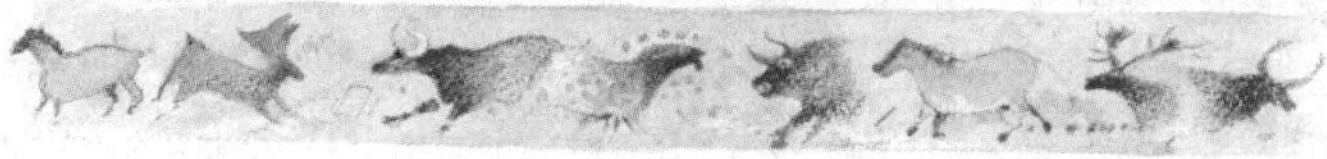

Trois-Pattes est seul sous le toit de roche. Le soleil est haut déjà, mais il fait encore froid. Le garçon s'est rapproché du feu, enveloppé dans une vaste cape.

Il fabrique des pinceaux. Krull lui a montré comment s'y prendre. Il faut rassembler des poils en une touffe, les lier avec un brin d'herbe, puis les plonger dans de la résine avant de les enfoncer dans une branche creuse.

– Les pinceaux, a dit Krull, font des traits plus fins que les doigts. Plus longs aussi car ils retiennent davantage de peinture.

Trois-Pattes fabrique des pinceaux épais et touffus comme la queue de l'écureuil, fins et pointus comme celle du rat. Des pinceaux en poils soyeux et d'autres en poils durs. Il préfère ce travail au concassage de la pierre. Même s'il est tout aussi monotone.

Le garçon entend un bruit. Ce qu'il voit soudain le paralyse. Là, à deux pas, un ours* immense à la fourrure grise et ébouriffée pêche dans le ruisseau. Il regarde Trois-Pattes droit dans les yeux.

« Non, pas moi, regarde ailleurs ! » entend Trois-Pattes dans sa tête. Mais sa bouche reste muette.

La bête tend le museau dans sa direction et hume l'air à grand bruit. « Non, ne me sens pas, sens la fumée, sens le feu qui n'est pas l'ami des ours. » L'ours se dresse sur ses pattes de derrière. Il est plus grand qu'un homme juché sur les épaules d'un autre. Plus large que trois hommes côte à côte. Il grogne d'une voix profonde. Trois-Pattes est terrorisé.

« Tu n'as pas faim. Tu es rassasié et je ne suis pas bon à manger, je suis beaucoup trop maigre. La chair humaine ne vaut rien pour les ours. » L'ours grogne encore une fois avant de se laisser retomber sur ses pattes de devant. Il se secoue et remonte la pente. « C'est bien, brave bête. Va-t'en, ne te retourne surtout pas ! »

Arrivé au sommet de la colline, l'ours regarde une dernière fois en direction de Trois-Pattes puis disparaît.

Les mains de Trois-Pattes se mettent à trembler, son corps est baigné de sueur. Il rejette sa cape et se met à danser sur son unique jambe en hurlant. Pas dans la tête cette fois, avec sa bouche. Il expulse la peur, il hurle son soulagement. Longtemps.

Quand Trois-Pattes s'appuie, épuisé, contre le rocher, il sait qu'il lui reste quelque chose à faire pour finir de chasser la peur. Il prend une pierre rouge et essaie de dessiner l'ours.

Le front… le museau… le menton… Non. Ça ne va pas. Ça ressemble à un renard. Encore une fois. Le front… le museau… le menton… Non, non, Trois-Pattes ne veut pas dessiner une hyène ! Encore un essai. Oui, voilà l'ours. Le garçon continue. Le cou… les oreilles… la nuque… les épaules. Oui ! Oui !

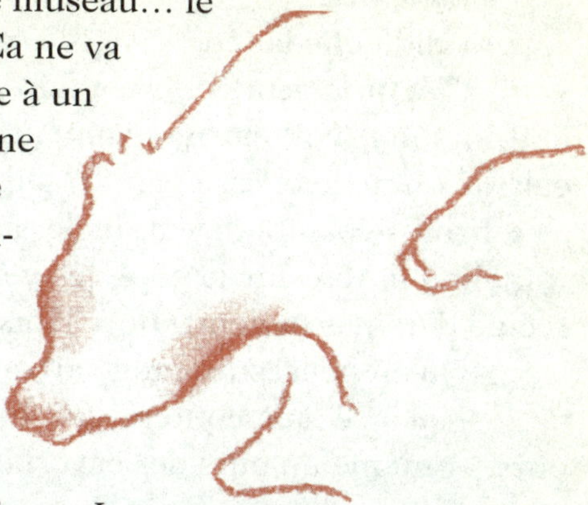

– Ah ! Tu as eu de la visite ! entend-il derrière lui.

Il se retourne, effrayé. Krull lui sourit.

– Un ours des cavernes ! Ça fait longtemps que je n'en ai pas vu. Il y en a moins qu'autrefois. Les ours bruns en revanche…

– Comment sais-tu… ?

– Tu me prends pour un rhinocéros ? Il y a des traces d'ours près du ruisseau et ici son portrait. La ligne entre les deux yeux est un peu plus droite chez les ours bruns.

Trois-Pattes soupire, soulagé. Krull ne devine peut-être pas ses pensées.

– Quand tu as vu l'ours, qu'as-tu fait, Trois-Pattes ?

– Euh… rien.

Krull hoche la tête.

– C'était la seule chose à faire. L'ours n'attaque que lorsqu'il voit du mouvement. C'est bien pour cela qu'on ne le chasse pas. Trop dangereux.

Krull se plante devant le dessin de Trois-Pattes. Il incline la tête sur le côté, les yeux plissés. Puis il recule d'un pas et demande à Trois-Pattes :

– Qu'en penses-tu, mon garçon ?

– Moi ? Je suis content que tu aies reconnu un ours, et même un ours des cavernes.

– Ce que je reconnais ou pas n'est pas important. Seul ce que tu penses, toi, de ce dessin a de l'importance.

– Euh… Moi, j'aime bien mon dessin. Le museau n'est pas encore complètement réussi, mais…

Le chaman regarde longuement Trois-Pattes avant de lui dire :

– Ne sois pas trop sévère avec toi-même. Ton dessin est bon. Ton ours est vrai. Il y a des images en toi qui veulent sortir. Viens, je vais te montrer quelque chose.

Trois-Pattes est heureux du jugement du chaman. Pour lui, il a plus de valeur que le sien.

C'est lourdement chargés de torches qu'ils entrent dans la montagne. Ils passent à côté de la sentinelle aux yeux rouges, des pierres qui poussent, des peintures de la salle des Rites et de Noo, le gouffre interdit.

Krull conduit Trois-Pattes dans une galerie basse, dont le sol n'est pas nivelé par les allées et venues. De grosses pierres jonchent le sol et la béquille de Trois-Pattes devient inutile. Il la met dans sa hotte et avance en prenant appui sur les mains et les genoux.

Le plafond devient plus haut, la galerie s'élargit. Krull montre une galerie latérale assez étroite.

– Ta grotte est par là, Trois-Pattes. C'est là que tu vas peindre.

Trois-Pattes est muet de joie et de surprise. Sa propre grotte ! Ses propres peintures ! S'il osait, il sauterait au cou du chaman.

– Il est important que tu peignes à l'intérieur de la montagne. Il faut t'habituer à l'obscurité, à la lueur vacillante des torches, à la solitude et au silence. Tu as un don pour la peinture. Tu portes des images fortes en toi. Mais tu devras peindre des hardes entières avant de réussir un seul animal dont tu puisses être fier. Tu peux d'ailleurs commencer tout de suite.

Trois-Pattes ne demande que ça !

Ils sortent les torches et les peintures des hottes, les rangent dans une niche bien sèche.

– Encore quelques conseils importants avant de te laisser seul, poursuit Krull. Tâche d'avoir avec toi assez de torches et emporte toujours une pierre à feu. Ta torche peut s'éteindre, et alors l'obscurité sera complète. N'espère pas pouvoir sortir sans lumière de cette grotte. Cela m'est arrivé une fois. Je connais bien tous les recoins de la caverne, et pensais arriver à tâtons jusqu'à la sortie. Mais je me suis perdu. Au bout de trois jours, Bouche-Cousue m'a retrouvé à bout de forces. À un pas de moi se trouvait une faille épouvantable…

Krull hausse le ton.

– La lumière est la chose la plus importante pour ta survie dans la grotte. Ne l'oublie jamais !

Un frisson glacé parcourt le dos de Trois-Pattes. Krull poursuit d'une voix sévère :

– Tu as le droit de peindre tous les animaux qui existent. Les petits et les grands, ceux qui nagent et ceux qui volent, ceux qui mangent de la viande et ceux qui préfèrent l'herbe. Tu peux les représenter sous tous les angles et dans toutes les postures. Il n'y a qu'une chose qu'il est interdit de peindre : l'homme.

Et devant l'œil interrogateur de Trois-Pattes :

– Pourquoi ? Parce que les hommes n'ont pas le droit de chasser les autres hommes. C'est ainsi.

Avant de quitter la grotte, Krull ajoute :

– Encore autre chose, Trois-Pattes. Pour le noir, prends le bout calciné des torches. N'utilise pas la poudre de pierre, ce n'est pas pour toi. Assez parlé. Au travail maintenant.

Trois-Pattes se sent un peu angoissé tout seul au milieu de la pénombre. Seules quelques gouttes d'eau rythment le silence en tombant sur la pierre. Mais la curiosité prend vite le dessus.

Il s'engage dans la galerie étroite. Une pierre qui pousse brille d'une lueur rougeâtre à l'entrée de sa grotte. Elle n'est pas profonde, de gros rochers en obstruent l'extrémité. Sur le sol, des bassins de pierre remplis d'eau. Parfaits pour préparer les couleurs.

Deux torches suffisent pour éclairer tout l'espace. Les parois sont lisses à de nombreux endroits. Très tentant. Il voudrait peindre encore une fois l'ours. Il mélange de la poudre rouge avec de l'eau.

Soudain, Trois-Pattes entend des pas. Une faible lueur lui parvient de la galerie. Elle disparaît et le bruit de pas s'estompe. Trois-Pattes saisit une torche. Sans hésiter, il se lance à la poursuite de la lueur dans le ventre de la montagne.

Les trois pattes ne sont pas assez rapides. Il a beau se donner du mal, il est bientôt distancé. Vaut-il mieux faire demi-tour ? Allez, jusqu'au prochain tournant de la galerie principale qu'il vient de rejoindre. Elle s'élargit et Trois-Pattes débouche dans une caverne.

Encore quelques pas et il pousse un hurlement. Devant lui, sur un bloc de pierre, repose le crâne blanchi d'un ours. Deux orbites noires le fixent. La mâchoire supérieure dépasse de la pierre et les grandes canines acérées pointent vers Trois-Pattes.

Il recule, effrayé. La béquille dérape sur un caillou, la torche est projetée au loin. Un chuintement, puis l'obscurité.

En essayant de retrouver la torche à tâtons, le garçon plonge sa main dans une eau glacée.

Alors la grande peur s'empare de lui. Celle qui empêche toute pensée claire, celle qui hurle sans cesse à son oreille : « Fais donc quelque chose ! Sauve-toi ! Cours ! » Trois-Pattes s'agrippe aux pierres pour ne pas s'enfuir. Pour ne pas chuter dans une faille. Le récit de Krull le hante.

L'étau de la peur se desserre lentement. Peu à peu, Trois-Pattes sent ses pensées s'éclaircir. Il comprend à quoi il s'agrippe : des os. De longs os bien vieux. Il les lâche, épouvanté. Est-ce que les ours vivent encore ici ? De gros ours des cavernes, comme celui de l'autre jour ?

Quel rhinocéros il fait ! Pourtant Krull l'avait bien prévenu : « Tout ce que tu fais dans la grotte, tu dois le faire calmement et après mûre réflexion. La précipitation et l'impatience peuvent être fatales. » C'est bien l'erreur de Trois-Pattes. Dans sa précipitation, il n'a pas emporté de deuxième torche, ni de pierre à feu. Plus bête encore qu'un rhinocéros !

La colère qu'il éprouve contre lui-même finit par se calmer. Il décide d'attendre que Krull le retrouve. Que faire d'autre ?

Les oreilles de Trois-Pattes sont aux aguets : l'eau clapote, des gouttes tintent à sa surface. La respiration de Trois-Pattes, son cœur qui bat la chamade. Rien d'autre. Ni le grognement d'un ours, ni le bruit des pas de cet être que Trois-Pattes tentait de rattraper.

Qui cela pouvait-il bien être ? Trois-Pattes songe à l'ombre de l'autre nuit près de sa couche. Quelqu'un vivrait-il dans la grotte, ignoré de tous ? Krull devrait le savoir. Mais peut-être veut-il que les autres l'ignorent…

Combien de temps s'écoule ainsi ? Trois-Pattes n'en a aucune idée. Parfois, il a l'impression qu'il ne s'est passé qu'un instant. D'autres fois, que l'obscurité l'enveloppe depuis de longs jours. Ou peut-être est-il déjà mort. Ou prisonnier d'un cauchemar atroce. À certains moments, c'est comme s'il entendait des pas, comme s'il voyait passer une torche, mais non, ses sens le trompent.

Voilà qu'il perçoit encore un bruit de pas, puis une faible lueur. Trois-Pattes ne bouge pas. Il n'a plus aucune confiance en ses yeux ni en ses oreilles. Les pas se rapprochent, la lueur se précise. Une voix résonne derrière Trois-Pattes :

– Mais que fais-tu donc là ?

Krull ! La voix de Krull. Trois-Pattes se lève d'un bond. La torche fait briller le crâne chauve, éclaire le sourire ironique sur les lèvres minces et noires. Trois-Pattes sait ce qu'il pense : « Rhinocéros ! » Il a honte, mais il est si heureux de revoir Krull et la lumière.

Le garçon raconte ce qui s'est passé. Krull secoue la tête.

–Non, aucun être mystérieux et inconnu ne vit ici. Je le saurais. Seuls Bouche-Cousue et moi-même connaissons la salle aux Ours. Personne d'autre. Tu dois te tromper.

À quelques pas de Trois-Pattes, un grand lac reflète la lumière chaude de la torche. De petites vagues viennent doucement s'écraser sur le rocher où repose le crâne de l'ours. Des pierres qui poussent s'accrochent à la falaise abrupte sur l'autre rive du lac. Des gouttes glissent sur elles et tombent sur leur image inversée dans l'eau. Trois-Pattes se tait. Il n'a encore rien vu de plus beau.

–Krull, chuchote-t-il, est-ce la nouvelle salle des Rites ?

–Non, elle est trop petite pour deux tribus. Et de plus, trop humide.

Krull fait signe à Trois-Pattes de s'approcher. Il dirige la torche vers la paroi et un ours apparaît. Trois-Pattes devine que l'auteur doit être un maître de l'art. Pas une erreur. Tout est à sa place. Par endroits, de la peinture rouge est étalée sur le corps de l'animal. Cela lui donne tant de relief que Trois-Pattes a l'impression qu'il va quitter la roche.

–Krull, c'est toi…

–Oui, je l'ai peint il y a très longtemps. Regarde, moi aussi j'ai dû m'y prendre à trois fois avant de le réussir.

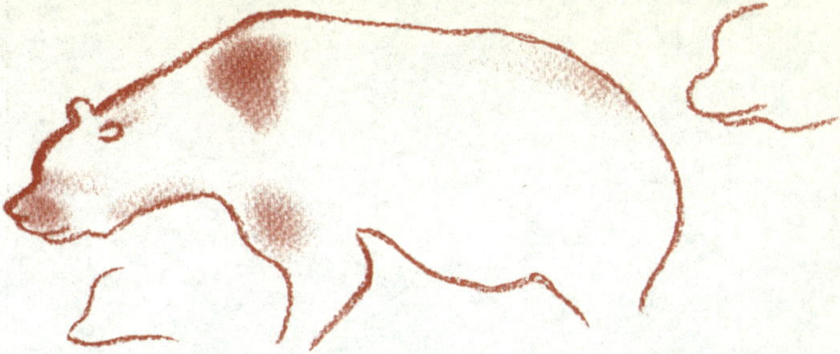

Trois-Pattes voit maintenant deux autres têtes, plus maladroites, de chaque côté de l'ours.

Le chaman éclaire de grands trous dans le sable, au milieu de la grotte.

– C'est ici qu'ont dormi les ours durant de longs temps de grand froid blanc. Beaucoup sont morts, dit-il en montrant le crâne sur le rocher et les os par terre.

– Et ici, poursuit-il en éclairant la paroi, les ours ont peint leurs œuvres.

De longues stries sont gravées dans le rocher. Toujours quatre côte à côte. Trois-Pattes interroge Krull du regard.

– Eh bien, certains disent que les ours se font les griffes sur le rocher. Moi je pense qu'ils laissent des signes. Mais je ne comprends pas ce qu'ils veulent dire. Les hommes ne sont pas tellement différents des animaux. Nous aussi, nous laissons des traces et des signes. Ce sont nos peintures. Peut-être voulons-nous dire par là aux hommes qui les verront très longtemps après nous : « Voyez, nous sommes déjà passés par ici. »

CHAPITRE 8

Trois-Pattes soupire et laisse retomber le pinceau. Krull a raison : il va rater de nombreuses peintures avant d'en réussir une.

Il est dans sa grotte depuis l'aube, à dessiner, peindre et graver des animaux sur le rocher. C'est harassant. Mais quel plaisir d'en voir naître un sous sa main ! Rien à voir avec le concassage des pierres ou la fabrication des pinceaux.

Certaines parties des bêtes sont réussies, hélas cela se limite à des parties. Quand la tête d'un cheval est acceptable, ses sabots ressemblent à ceux d'un rhinocéros. Quand la jolie courbe que dessine le dos d'un bison réjouit l'œil de Trois-Pattes, sa grosse tête de rat l'exaspère. Mais ce travail procure pourtant beaucoup de plaisir.

Trois-Pattes se dirige vers la sortie. Il lui faut réduire en poudre des roches, coller des pinceaux. Ces travaux ne lui sont pas épargnés.

De l'extérieur lui parvient un bruit de voix, le brouhaha d'une foule. Trois-Pattes quitte la grotte avec hésitation.

Tl-Tl et ses meilleurs chasseurs sont assis près de Krull sous le toit de rocher. Les autres sont un peu plus loin. Des hommes, des femmes et des enfants. Tous semblent attendre quelque chose.

Trois-Pattes n'a qu'une envie, se réfugier à l'intérieur de la grotte. Il a peur de tous ces gens. Trop tard. Ils l'ont vu. Il se faufile vivement entre la paroi et les hommes assis autour du chaman. Surtout ne pas se mettre à leur portée ! Barbe-en-Feu est là, lui aussi.

La tribu des Hommes-Chevaux ne fait pas attention à lui. Les regards le traversent comme s'il n'existait pas. Seuls quelques enfants manifestent de la curiosité.

Trois-Pattes s'assied à l'écart de la tribu, sur une pierre. Il aurait préféré s'enfouir dessous tant toute cette indifférence le met mal à l'aise.

Quelque chose se perche sur son épaule et lui picore l'oreille. La corneille à tête blanche ! Trois-Pattes sourit à l'idée d'entendre bientôt la voix de Kivi.

– Elle semble apprécier ton oreille. D'habitude, elle se montre très difficile !

En s'asseyant près de Trois-Pattes, Kivi suscite quelques réactions. Mais elle ne s'en préoccupe pas.

– Nous attendons la tribu des Khors, les Hommes-Aurochs. Ils campent de l'autre côté de la colline sous un abri rocheux, comme chaque fois qu'ils viennent prendre part aux festivités. Ils sont arrivés vers midi, et ne devraient pas tarder à nous rejoindre. Je suis si contente ! Enfin de nouveaux visages et de nouvelles histoires ! Nous allons pouvoir faire des cadeaux et du troc. Ensuite il y aura la grande Chasse collective !

La corneille s'envole pour se poser sur le sommet du toit de rocher. Elle n'arrête plus de crailler.

– Elle les voit venir ! Les Khors arrivent ! glapit Kivi en sautant sur ses pieds.

Des pointes de sagaies surgissent derrière le sommet de la colline, puis s'allongent. Des têtes apparaissent, suivies de corps et de jambes. Lorsque les jambes s'arrêtent, les sagaies s'élèvent brusquement et un tumulte joyeux dévale la colline.

La tribu des Hommes-Chevaux lève à son tour ses sagaies et lance aux arrivants son cri de bienvenue. Les silhouettes sombres des Khors se détachent sur l'herbe jaunie. Un homme s'avance seul, suivi de près par un petit groupe.

Kivi explique à Trois-Pattes :

– L'homme qui marche devant, avec les cheveux gris et hirsutes, la peau de léopard jetée sur les épaules, c'est Xan, le chef de la tribu des Khors. Il n'est pas aussi fort que Tl-Tl, mais il est malin et sa langue acérée peut être blessante. Ceux qui marchent juste derrière lui sont les plus grands chasseurs de sa tribu.

Kivi plisse le front, concentrée. Elle attend que les hommes se rapprochent.

–Hmmm, il y en a un que je ne connais pas. Ça doit être un nouveau. Lui, là-bas, avec sa cape rouge et ses nombreuses petites tresses. Qu'est-ce qu'il est ridicule ! Comment peut-on être assez futile pour se faire pareille coiffure !

Krull, Tl-Tl et ses meilleurs chasseurs vont à la rencontre de Xan et de ses hommes. Après les salutations a lieu la cérémonie lente et digne des échanges de cadeaux. Puis Krull invite les valeureux chasseurs à prendre place autour du feu.

Bouche-Cousue retire de la braise des morceaux de viande enveloppés dans de grandes feuilles, des racines tendres, des pommes cuites à point.

Une agréable odeur chatouille les narines des convives. Et on n'entend bientôt plus que bruits de bouche et rots de satisfaction.

À l'extérieur de l'abri rocheux, les deux tribus se sont réunies par petits groupes. Paroles, rires et cris fusent de toutes parts. Des feux sont allumés et la viande mise à cuire. On échange des peaux contre du sel, des coquillages contre des coquilles d'escargots, des cornes contre des pierres à feu… Du troc, du bon troc.

Trois-Pattes ne participe pas à tout cela. Il se fait tout petit pour ne pas être vu. De toute manière, on ne lui accorde aucune attention. Il n'y a que cet homme à la cape rouge et aux nombreuses tresses qui le regarde de temps en temps d'un air bizarre. Un air que Trois-Pattes ne sait comment interpréter.

À la fin du repas, Xan, le chef de la tribu des Khors, se lève. Il ajuste sa peau de léopard et commence à parler d'une voix forte et bien timbrée.

– Hommes-Chevaux et Hommes-Aurochs !

Hommes et femmes se pressent sous le toit de rocher. Ils veulent tous être là quand il se passe quelque chose d'important. Xan lève la main et le brouhaha cesse.

– Nous venons ici au temps de la chute des feuilles jaunes pour participer à des rites importants. Nous attendons de la fête de la Chasse collective qu'elle nous assure une chasse fructueuse. Ainsi aurons-nous assez à manger pendant le temps des grands froids blancs et des fourrures pour nous protéger du froid. Mais que nous a apporté la dernière fête ? Vous vous en souvenez ? La faim et le froid.

Un murmure approbateur s'élève. Tl-Tl et ses hommes acquiescent. Trois-Pattes, lui, n'aime pas ces paroles.

Xan lève de nouveau la main.

– Nous fêtons la fête de la Grande Femme, afin de nous assurer une descendance nombreuse et agrandir ainsi notre tribu. Avons-nous réussi ? Deux femmes de la tribu des Khors sont mortes en couches. Et nous avons perdu trois enfants encore au sein de leur mère durant le temps chaud des fleurs multicolores.

Xan baisse la tête et se couvre les yeux de la main. Ce douloureux souvenir fait tressaillir son corps. Trois-Pattes remarque qu'il glisse un œil à travers ses doigts pour juger de la réaction de la foule. Puis le chef secoue sa tristesse et relève la tête.

– À quoi cela tient-il ? Qui est coupable de notre malheur ? J'ai longtemps réfléchi. Et j'ai trouvé la réponse. Je n'aime pas la formuler. Elle m'est trop désagréable. Elle va vous peiner.

Xan cache sa tête derrière la peau de léopard. Les hommes attendent la suite en silence. Trois-Pattes préférerait que Xan n'en dise pas davantage.

Xan laisse retomber la peau de léopard et joint les mains comme s'il implorait pardon.

– Mais je dois dire ce que je sais. Pour le bien de la tribu des Hommes-Chevaux et celle des Hommes-Aurochs. Krull, notre chaman, a longtemps été un guide précieux à travers le monde des esprits et des démons. Nos tribus ont grandi et nos chasses furent heureuses. Mais la force de Krull est brisée. Il n'a plus de pouvoir sur le monde mystérieux de la caverne. Les esprits ne lui obéissent plus. Les démons nous poursuivent. Nous avons besoin d'un nouveau chaman.

Le silence. Puis tout le monde se met à parler à tort et à travers. Certains membres de la tribu des Hommes-Aurochs entrechoquent des morceaux d'os. Trois-Pattes regarde Krull. Il est assis, impassible. Pourquoi ne dit-il rien ?

Xan lève la main. Les conversations et les claquements cessent.

– Vous pensez peut-être qu'il est facile de dire : « Nous avons besoin d'un nouveau chaman ! » Mais où le trouver ? Les chamans ne poussent pas comme des champignons. Toutefois, Xan ne serait pas le chef de la tribu des Khors s'il n'avait pas tout prévu et s'il n'avait pas amené un chaman. L'un des plus célèbres et des plus puissants de la région. Chaman Schleem, parle en ton nom !

Les claquements d'os et de morceaux de bois reprennent chez les Hommes-Aurochs, accompagnés de sifflements approbateurs et de cris d'encouragement.

Dans la tribu des Trôms règne un silence méfiant. La colère fait tressaillir la cicatrice rouge sur le visage de Tl-Tl. Lorsqu'il veut se lever, Krull le retient par le bras en lui faisant signe de garder le silence. La cicatrice tressaille une nouvelle fois, mais Tl-Tl reste assis.

Trois-Pattes soupire de soulagement. La tribu des Hommes-Chevaux semble se ranger aux côtés de Krull, même si elle a des reproches à lui faire. Elle ne veut surtout pas d'un chaman étranger, et encore moins d'un chaman issu de la tribu des Khors.

L'homme à la cape rouge et aux petites tresses se lève avec dignité. Il croise les bras sur la poitrine et attend le silence. Puis il tire bien loin la langue*, en tournant la tête dans toutes les directions afin que tous puissent la voir.

– Tribu des Hommes-Chevaux ! Tribu des Hommes-Aurochs ! Voyez ma langue ! Aucun mensonge ne la souille. Moi, Schleem, le chaman, je viens de la grande Grotte aux peintures, loin d'ici vers le nord. Là-bas, les hommes m'honorent. Même les chamans viennent me demander conseil. Lorsque la nouvelle de votre malheur est parvenue jusqu'à moi, j'ai décidé de venir vous apporter aide et conseil. Je vois… Oh… !

Schleem se penche, les mains tendues, les doigts écartés, comme s'il voulait repousser des images affreuses. Ses yeux roulent dans leurs orbites avant de se révulser lentement et de fixer le plafond rocheux. Il parle d'une voix caverneuse, en faisant de longues pauses. Il semble percevoir une voix intérieure, qui lui dicte ses paroles.

–Je vois… Je vois une harde menée par un animal à la fourrure noire… Il fait nuit, le chemin est mauvais et pierreux… Les animaux ont froid et faim… Dans l'obscurité, la bête noire les conduit vers un ravin… La harde s'approche de plus en plus près du ravin… toujours plus près… Non ! Non ! La bête noire trébuche… tombe dans le vide… Son hurlement effroyable résonne… Puis s'éloigne pour s'évanouir… La harde, sur le bord du ravin, est indécise… Là !… Un animal à la fourrure rouge apparaît… Il éloigne la harde du danger… La conduit vers la lumière, la chaleur. Vers des prairies grasses et vertes… de la nourriture en abondance…

Schleem tombe à genoux, la tête sur la poitrine, les yeux fermés. Un tremblement parcourt son corps. Il se recueille un moment, puis jette autour de lui un regard hagard.

– Les esprits de la grotte ont parlé par ma bouche.

Dans un grand silence, Schleem tire de nouveau la langue dans toutes les directions.

Le claquement reprend. Les visages expriment crainte et respect. Même Tl-Tl a oublié qu'il était sur le point de dire quelque chose. Trois-Pattes a peur pour Krull.

Krull fait quelques pas vers la tribu des Khors en marchant comme si ses jambes s'étaient engourdies. Puis il prend la parole d'une voix douce comme le miel, teintée de reproches.

– Tribu des Hommes-Chevaux ! J'ai honte pour toi ! Le très célèbre chaman Schleem nous fait l'honneur d'une visite, et toi, tu ne l'acclames que mollement. Certes, nous n'avons encore jamais entendu parler de la célébrité de Schleem. Mais elle est certaine, puisque Xan la proclame, et que Xan n'a encore jamais menti.

Des rires s'élèvent chez les Hommes-Aurochs. Quelques Hommes-Chevaux ricanent à l'abri de leurs mains. Les autres visages ont des expressions effarées.

– Le puissant Schleem nous a fait une démonstration de ses pouvoirs : il nous a montré le blanc de ses yeux en les tournant vers l'arrière. Ça, je ne sais pas le faire. Mais je sais les tourner vers l'intérieur.

À ces mots, les yeux de Krull se tournent brusquement vers la pointe de son nez. Des rires saluent son exploit. Même le sombre Tl-Tl émet un grognement de plaisir. La tribu des Khors et Schleem restent de marbre.

– L'honorable Schleem mérite davantage d'encouragements ! poursuit Krull.

Le claquement des os et des morceaux de bois se mêle maintenant aux rires. Lorsque le silence revient, Krull dit :

– L'art du chaman ne consiste pas seulement à révulser les yeux. Les chamans ont des tâches bien plus importantes à accomplir. Schleem nous accordera certainement le plaisir de nous donner un aperçu de ses hautes capacités. Schleem que les grands chamans appellent à l'aide sait sans doute faire de grandes choses. Il nous a montré sa langue. Et sur celle-ci, nous n'avons pas vu de mensonge…

Krull tire sa langue noire en louchant. Des rires tonitruants fusent sous le toit rocheux. Krull esquisse un pas de côté et invite Schleem d'un geste de la main à s'adresser à la foule.

Schleem se lève en jetant un regard assassin à Krull. Il prépare rapidement un petit feu au centre de l'espace resté libre. Puis il attend, les bras croisés, que les rires cessent. Il commence alors à danser autour du feu.

Schleem danse bien. Ses pieds sont légers et ses mouvements harmonieux. Son corps est orné de symboles noirs, en forme de serpents, qui s'agitent quand il bande ses muscles vigoureux. Sa cape rouge virevolte comme une flamme derrière lui. La danse s'accélère, les sauts deviennent de plus en plus hauts. Les rubans de cuir multicolores tressés dans ses cheveux suivent en rythme. Schleem prend son élan et s'élance vers le feu. Il bondit pour passer par-dessus les flammes. Puis il retombe avec assurance sur ses deux pieds.

Des cris admiratifs se mêlent aux claquements d'os.

Schleem saisit quelque chose dans la bourse accrochée à sa ceinture et le jette dans le feu. De grandes flammes bleues s'élèvent, et baignent les alentours de reflets bleus. Des cris d'étonnement jaillissent çà et là. Schleem jette encore quelque chose dans le feu, et des flammes rouges plongent les spectateurs dans une lueur rouge sang.

Le chaman regagne lentement sa place, tête haute. Des applaudissements enthousiastes, des « Oh ! », des « Ah ! », des claquements d'os le saluent.

– C'était beau, dit Krull. Mais fatigant. Très fatigant. Jadis, quand j'étais encore jeune et stupide comme un rhinocéros, je devais moi aussi me désarticuler dans tous les sens pour changer la couleur du feu. Mais on peut aussi le faire avec moins d'efforts.

Krull étend la main au-dessus du feu qui devient vert.

On crie encore, on trépigne. Tandis que tout le monde garde les yeux fixés sur le feu, Krull passe discrètement l'autre main sous sa cape. Lorsqu'il l'ouvre au-dessus du feu, les flammes, dans un crépitement, se teintent en mauve. La tête chauve de Krull luit comme le ciel au crépuscule. Un claquement de doigts maintenant, et des étincelles blanches fusent. Les spectateurs les plus proches reculent, effrayés. Mais Krull reste immobile dans la pluie d'étincelles qui tombe de ses mains levées. Il ne semble pas souffrir et ses vêtements ne prennent pas feu. Lorsque la dernière étincelle meurt, les spectateurs ont l'impression de se retrouver dans la pénombre, malgré le feu et le soleil.

La foule en délire exprime son enthousiasme par un vacarme de cris, de claquements de mains sur les cuisses, de bouts de bois et d'os entrechoqués.

Krull lève la main avec modestie et essaie de se faire entendre.

– Ce n'était rien, un jeu d'enfants entre chamans. Le grand Schleem aurait réussi cela aussi bien que moi. N'est-ce pas ?

Krull découvre ses dents noires dans un large sourire qu'il adresse à Schleem. Ce dernier regarde le sol à ses pieds. Une veine sur son front bat. Krull attend que le silence soit rétabli avant de s'adresser de nouveau aux deux tribus rassemblées.

– Le plus important pour un chaman, c'est de peindre des animaux pour que le monde reste en équilibre. Je suis sûr que le chaman Schleem acceptera de vous montrer ce qu'il sait faire. Il y a de la place là-bas sur la paroi.

Schleem baisse les yeux et secoue la tête. Il ne veut pas.

– Vous voyez ! Vos faibles applaudissements ont vexé Schleem. Maintenant il boude. Encouragez-le donc ! Faites-vous entendre !

La tribu des Hommes-Chevaux et celle des Hommes-Aurochs sifflent, crient, applaudissent. Schleem continue à fixer le sol.

Trois-Pattes entend Xan lui souffler rageusement :

– Espèce de crapaud bouffi d'orgueil. Tu fais de nous des chiures de rhinocéros. Si tu ne te décides pas tout de suite…

Trois-Pattes n'en entend pas davantage car Xan a baissé la voix. Schleem s'avance brusquement vers la paroi, qu'il se met à graver à l'aide d'un silex affûté.

Les deux tribus se bousculent pour ne rien perdre du spectacle. De sa voix d'avalanche, Tl-Tl exige d'être au premier rang, avec Krull, Xan et les chasseurs les plus importants des deux tribus. Les autres se haussent sur la pointe des pieds pour apercevoir quelque chose entre les têtes.

Trois-Pattes n'entend que le crissement sur la roche. Bientôt le soleil disparaîtra derrière les Montagnes noires.

Schleem a terminé son dessin. Il fait un pas de côté. Krull contemple longtemps son travail, puis dit avec gravité :

– Schleem fait de bons dessins. Mais c'est à vous de juger.

Krull se faufile alors jusqu'au bout de la plate-forme. Il jette un dernier coup d'œil vers le soleil qui descend entre les pics, avant d'arracher la fourrure qui dissimule les têtes d'ours dessinées par Trois-Pattes. Le soleil les inonde d'une lumière chaude aux reflets rouges. Le reste de l'abri est plongé dans l'ombre.

Les hommes s'approchent plus près encore. Trois-Pattes aperçoit enfin le dessin de Schleem : un bouquetin en pleine course. Les regards passent des ours ensoleillés au bouquetin dans l'ombre, puis reviennent aux ours baignés de soleil.

Trois-Pattes se souvient de ce que Krull a dit : « La plupart des hommes ne font pas la différence entre une bonne et une mauvaise peinture. » À cet instant, les derniers rayons du soleil la font pour eux. Krull a choisi judicieusement le moment de la confrontation.

– C'est un dessin de Trois-Pattes, mon aide et mon apprenti. Ce n'était qu'un premier essai.

Les regards étonnés se posent sur Trois-Pattes. Ils ne sont pas particulièrement amicaux, mais au moins ne glissent-ils pas sur lui. Trois-Pattes se sent devenir tout rouge. Il est fier que Krull ait choisi ses dessins dans le duel qui l'oppose à Schleem.

Xan s'approche de Krull et effleure sa cape.

– Excuse-moi, dit-il en souriant, tu es le meilleur chaman.

L'abri de rocher bourdonne. Les hommes parlent des dessins, du combat singulier entre Krull et Schleem, se disputent un peu, rient bruyamment. Les enfants se faufilent vers les ours. Dès qu'ils arrivent trop près, ils battent en retraite dans une joyeuse bousculade.

Là-bas, cependant, un homme remonte le long du ruisseau. Peu à peu l'assemblée se tait, inquiète. Quand l'homme atteint l'abri, le silence s'est installé. On lui fait place. C'est l'un des chasseurs qui a accompagné Bec-d'Oiseau. Il est blême. Haletant, il dit :

– Nous avons vaincu le bison. Mais sa corne a touché Bec-d'Oiseau en pleine poitrine. Bec-d'Oiseau est mort…

L'homme jette aux pieds de Krull la rondelle que le chaman avait gravée d'un bison et donnée à Bec-d'Oiseau.

CHAPITRE 9

La sueur coule le long du corps nu de Trois-Pattes et tombe goutte à goutte à ses pieds. Les pierres du foyer dégagent une telle chaleur qu'il en a le souffle coupé. Krull, assis à ses côtés, verse de l'eau sur les pierres brûlantes. Un nuage de vapeur blanche aux effluves d'aiguilles de pin s'en dégage en chuintant.

Tôt ce matin-là, Krull et Trois-Pattes ont allumé un feu près du ruisseau. Ils l'ont entouré de gros galets et recouvert d'une large pierre plate. Par-dessus, ils ont monté une petite tente.

À présent, Krull et Trois-Pattes sont accroupis dans la sombre niche en peau remplie d'air chaud. L'entrée est hermétiquement close. Au sommet de la tente, une ouverture permet à la fumée de s'échapper.

Trois-Pattes repense à la veille. La tribu des Hommes-Chevaux et celle des Hommes-Aurochs se sont séparées juste après l'annonce de la mort de Bec-d'Oiseau. Le garçon entend encore les lamentations des femmes, il revoit la peur dans les yeux des hommes. La peur que d'autres malheurs ne s'abattent sur eux. Même la rondelle avec le bison n'a pu protéger Bec-d'Oiseau. Krull est toujours leur chaman, mais pour combien de temps encore ?

– La situation n'est pas brillante, dit Krull. Les Trôms et les Khors n'ont plus confiance en moi. Mais le plus grave, c'est la mort de Bec-d'Oiseau. Les chamans vivent solitaires. Ils n'ont pas beaucoup d'amis avec qui rire. Avec Bec-d'Oiseau, c'était possible. Krull a perdu un ami et il n'en a plus tellement...

Krull essuie de grosses gouttes de sueur sur son visage, mais de nouvelles se forment déjà. Trois-Pattes devine que des larmes s'y mêlent et se tait. Il respecte la douleur de Krull. Après un long silence, il dit :

– Xan, Schleem, Tl-Tl, tous ont parlé des esprits et des démons. Est-ce qu'ils existent vraiment là-bas, dans la grotte ? Tu n'en as encore jamais rien dit.

Krull secoue la tête.

– Je connais bien le ventre de la montagne pour y avoir passé beaucoup de temps. Je n'y ai encore jamais vu ni esprit, ni démon. Peut-être existent-ils, mais je n'ai pas besoin d'eux. Car je ne compte que sur moi-même... Mais beaucoup croient en eux. Ce n'est peut-être pas plus mal. Si un chasseur croit aux esprits qui favorisent sa chasse, ça le rend plus sûr de lui, et sa main ne tremblera pas. C'est bien. La peur des démons a également des vertus. Elle empêche les hommes de faire des bêtises aussi énormes que chasser le rhinocéros. Peut-être les hommes ont-ils besoin de ces croyances pour faire ce qui est bien pour eux.

Le chaman verse à nouveau de l'eau sur les pierres. Chuintement. Vapeur blanche. Chaleur humide. Trois-Pattes respire difficilement. Krull fait tournoyer une peau au-dessus de sa tête pour ramener la chaleur vers le sol. Trois-Pattes soupire et poursuit :

– Hier, pendant le combat contre Schleem, tu ne t'es pas mis en colère. Tu as même aimablement fait les louanges de Schleem et invité les gens à l'applaudir. Ça m'a rappelé ce que tu disais à propos du cheval sur son nuage blanc. Était-ce la voie légère et aérienne du cheval ?

Krull lève les yeux, étonné.

– Trois-Pattes, tu m'impressionnes. Tu poses les bonnes questions et non plus des questions de rhinocéros. Malheureusement non. La voie que montre le cheval est différente. Cette voie-là apporte la joie et la paix. Je me suis fait des ennemis. Schleem, Xan… Les hommes se sont moqués de Schleem. Ce n'était pas bien. Ça lui ôte toute dignité. Une victoire qui prive l'ennemi de sa dignité n'apporte pas la paix. Rien que la haine… Ce n'est pas la voie aérienne du cheval.

Krull hoche la tête et bougonne.

– Krull a besoin d'amis, mais pour l'instant, il a besoin d'air frais.

Il repousse une fourrure et se laisse rouler dans l'herbe. Trois-Pattes suit son exemple. Ah, quel froid délicieux ! Il enveloppe agréablement le corps fumant de vapeur, sans le mordre. Seuls les yeux voient le froid. Les arbres, buissons et herbes ressemblent à d'étranges animaux recouverts de poils de givre. Krull brise une mince couche de glace et s'allonge dans le ruisseau pour laisser l'eau couler sur son corps. Trois-Pattes l'imite. Il a l'impression d'être une pierre, que l'eau lave à gros bouillons en l'entourant de son murmure…

Sous le toit rocheux, Trois-Pattes creuse une pierre plate et longue qui deviendra une lampe à graisse. Il sent encore dans son corps la chaleur du bain de vapeur du matin. Il lisse l'intérieur de la pierre, ainsi que les arêtes de ce qui deviendra le manche. Celui-ci est indispensable car la flamme de la lampe rend la pierre brûlante.

Krull est parti depuis longtemps voir l'animal et le chasseur morts. Voilà qu'il revient, suivi des trois chasseurs de bison. Ils sont muets mais leurs yeux accusent Krull de la mort de Bec-d'Oiseau. La peinture et la rondelle d'os du chaman n'ont pas été assez puissantes.

Les hommes brisent les pointes en corne de leur sagaie avec des pierres. « Quel gâchis », pense Trois-Pattes.

Le chaman enveloppe les armes de Bec-d'Oiseau dans une peau de bête. Puis il prépare de la peinture noire. Les hommes tracent avec le doigt des lignes sur leur visage, du front jusqu'au cou. Les yeux sont cerclés de noir.

Krull et les hommes pénètrent gravement dans la grotte. Trois-Pattes n'est pas autorisé à les accompagner.

L'attente paraît longue au garçon. Il grimpe péniblement sur une colline, où il vient souvent pour observer les animaux de la plaine du Grand Fleuve.

Une petite harde d'aurochs sombres passe dans la plaine. Les pointes de leurs cornes blanches sont noires. Trois-Pattes observe attentivement ces bêtes puissantes, à la démarche lente et imposante. Il essaie de graver leurs formes dans sa mémoire pour pouvoir les peindre plus tard. Soudain, il sent qu'on lui tire les cheveux. Kivi le regarde en riant, la corneille sur l'épaule.

– Tu as vu comme je sais m'approcher sans bruit !

Trois-Pattes acquiesce.

– J'aimerais partir à la chasse moi aussi ! poursuit Kivi. Je suis la plus rapide et la plus silencieuse de la tribu... Mais je n'ai pas assez de force pour lancer la sagaie. Regarde !

Kivi envoie maladroitement une pierre dans la pente. Trois-Pattes essaie à son tour. Sans davantage de succès. Son geste est plus souple, mais trois pattes n'offrent pas un appui suffisant pour déployer efficacement la force du bras.

– Tu sais, dit Kivi, on n'est plus considéré comme un enfant à partir du moment où l'on a participé au rite des Mains. Les garçons deviennent des hommes et peuvent partir à la chasse. Les filles deviennent des femmes et mettent des enfants au monde. Quel ennui ! Moi, je préfère chasser.

Mais la colère ne donne pas d'ailes à la pierre que lance de nouveau Kivi.

Trois-Pattes montre la harde d'aurochs dans la vallée.

– Pourquoi vous ne les chassez pas, eux ?

– Trois-Pattes ! Krull ne te dit vraiment rien ! Les aurochs sont beaucoup trop dangereux, plus encore que les bisons. Ils sont irritables, agressifs et leurs cornes pointues ne manquent jamais leur cible. De plus, les Hommes-Aurochs n'ont pas le droit de leur faire la chasse. Tout comme nous, les Hommes-Chevaux, n'avons pas le droit de chasser les chevaux. Maintenant je dois descendre à la grotte.

Kivi est déjà en pleine course.

– Kivi ! Attends ton ombre ! lui lance Trois-Pattes en boitillant lentement vers l'abri.

Il croise les chasseurs aux visages striés de noir.

– Où est Krull ? leur demande Trois-Pattes.

Les hommes passent à côté de lui sans le voir, ni l'entendre.

Des images affreuses assaillent Trois-Pattes. Il voit Krull assassiné, Krull errant sans lampe au fond de la grotte, Krull terrassé par la maladie*.

Le garçon essaie de se rassurer en se disant que le chaman reste souvent de longues heures dans la caverne pour travailler. Afin de dissiper son angoisse, il s'attaque à la fabrication d'une nouvelle lampe à graisse.

La nuit est tombée. Deux lampes à graisse sont posées à côté de Trois-Pattes. Mais toujours pas de Krull. Les images inquiétantes reviennent en force et le garçon part à la recherche du chaman.

La caverne n'est pas comme d'habitude. Dans la lueur de la torche, des roches rouges se changent en sang et Trois-Pattes croit entendre des soupirs à chacun de ses pas. Là, il lui semble apercevoir le corps inerte du chaman… Mais non, ce ne sont que des pierres qui poussent.

Pas la moindre trace de Krull dans la grotte au bison. Si, là, des pointes de sagaies sont fraîchement gravées sur le corps de l'animal. Elles luisent de blancheur sur le noir et le rouge de la fourrure. Trois-Pattes suppose que l'animal a été touché à ces endroits lors de la chasse.

Un carré a été peint sous le bison. Des lignes le partagent en quatre parties inégales. Certaines sont peintes. Trois-Pattes se demande ce que cela peut bien représenter.

Le garçon remarque aussi que les pointes des sagaies brisées sont plantées dans des anfractuosités de la roche, tout autour du bison. Les armes qui ont tué l'animal doivent probablement être sacrifiées et laissées au bison de la grotte. À cause de l'équilibre, dirait Krull.

Rien que des traces. Mais où est Krull ? Trois-Pattes n'ose pas s'enfoncer plus loin dans la montagne. Il fait demi-tour.

Le garçon aperçoit de la lumière en arrivant dans la grande salle des Rites. Vite, il se cache derrière des pierres qui poussent et éteint sa torche. Seule son extrémité rougeoie encore dans l'obscurité. En soufflant dessus, Trois-Pattes aura vite fait de la rallumer.

La lumière vient de Noo, le gouffre interdit. Trois-Pattes en a le souffle coupé. Personne n'a le droit de déranger Noo, c'est ce qu'a dit le chaman. La lueur s'intensifie, se rapproche de l'orifice. Une silhouette enjambe le bord. Trois-Pattes doit mordre sa main pour étouffer un cri. C'est Krull.

Le chaman ramène une corde du gouffre, l'enroule et la cache sous une grande pierre plate. Il passe tout près de Trois-Pattes sans le voir. Un instant plus tard, l'obscurité est de nouveau complète.

Une tempête s'élève dans la tête de Trois-Pattes. Certes, il est heureux que Krull soit en vie ; que serait-il sans lui ? Mais peut-il encore faire confiance à un chaman qui enfreint les interdits les plus sacrés ? Les tribus des Hommes-Chevaux et des Hommes-Aurochs lui ont déjà retiré leur confiance. Et voilà que Trois-Pattes se met à douter, lui aussi. Des larmes lui piquent les yeux. À qui d'autre que Krull peut-il faire confiance dans ce monde hostile ? Trois-Pattes reste longtemps dans l'obscurité.

Lorsqu'il revient à l'abri, Krull dort déjà profondément. Le garçon est content de ne pas avoir à lui parler maintenant.

CHAPITRE 10

Trois-Pattes s'adosse à la paroi de sa grotte, fatigué. De nombreuses bêtes se bousculent maintenant sur le rocher : cerfs, bouquetins, aurochs, bisons, rhinocéros, mammouths, lions, rennes… Certaines se terrent ou s'enfuient. D'autres attaquent. D'autres encore passent paisiblement au milieu de tout ce désordre.

Souvent, Trois-Pattes ne les a dessinées que partiellement. Des têtes, des sabots, des dos, reviennent inlassablement, jusqu'à ce que son geste soit sûr. Les animaux se chevauchent et s'entrecoupent, car le garçon manque de place dans la petite grotte. Et il sait qu'il doit encore en dessiner beaucoup d'autres.

Le plus dur, ce sont les dessins près du plafond. Trois-Pattes doit alors se percher sur la pointe du pied valide, sur un gros rocher branlant, s'appuyer sur sa béquille pour ne pas perdre l'équilibre, tendre le bras et le corps, renverser la tête en arrière… Des bouts de roche et de la poudre de peinture tombent sur son visage, dans ses yeux. C'est un travail fatigant

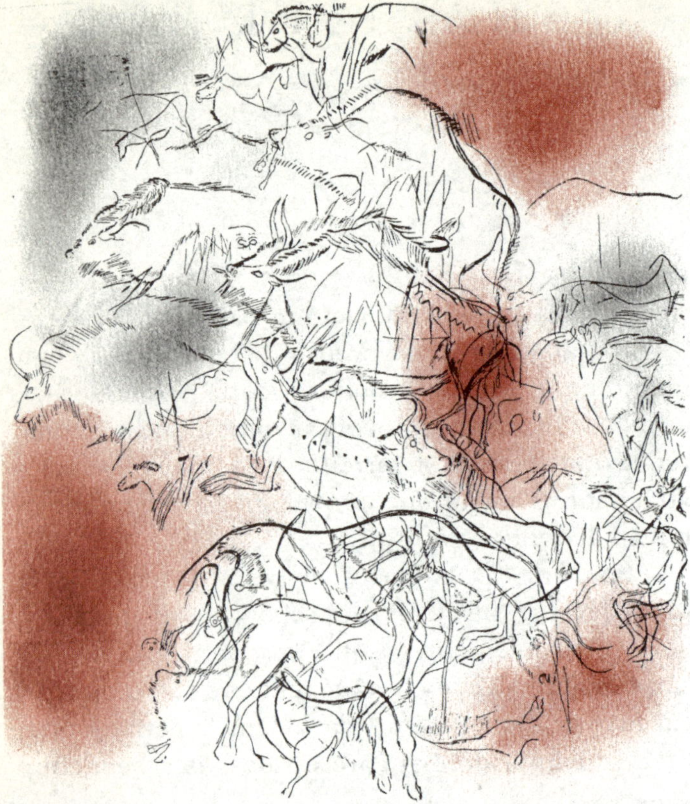

et Trois-Pattes ne peut rester longtemps dans cette position. Les dessins au ras du sol, sous des avancées rocheuses ne sont pas plus simples. Le garçon doit alors se coucher inconfortablement sur le sol froid et humide. Il se cogne la tête aux saillies du rocher, sent son corps s'engourdir. Les pans de rocher lisses sur lesquels il peut travailler debout ou assis sont rares, et tous déjà couverts de dessins.

Trois-Pattes est las, mais satisfait. Il réussit les animaux de mieux en mieux, de plus en plus vite. Son trait gagne en assurance.

Le garçon entend des pas se rapprocher. C'est Krull qui, comme souvent, vient voir les nouveaux dessins. Il les contemple longuement, penche la tête, recule d'un pas, puis promène la lampe le long des contours de l'animal. Parfois il ne dit rien, ou montre seulement ce qui lui plaît. Jamais il ne dit de mal des dessins de Trois-Pattes. Il lui arrive de saisir le pinceau et de modifier un trait. Puis il hoche la tête, satisfait de voir que le garçon a compris.

Krull est justement en train d'examiner, la tête penchée, un nouveau bison. Il raccourcit le corps d'un coup de pinceau. Et Trois-Pattes s'aperçoit qu'il

a effectivement fait un corps trop long. Il a honte de ne pas s'être aperçu seul de son erreur.

– Tu n'as pas à avoir honte, dit Krull. Le bison que tu dessines n'est pas faux. Il est différent. C'est ton bison. C'est ainsi que tu le vois. Par la modification que j'y apporte, je veux juste te montrer comment je le vois, moi. Chacun son bison, l'un n'est pas meilleur que l'autre…

Trois-Pattes n'est pas si sûr. Le bison de Krull lui semble être davantage un bison que le sien.

Près du sol, le garçon a tracé le carré divisé en parties inégales qu'il a vu dans la grotte au bison.

– Ah ! dit Krull en l'apercevant. Le signe du partage. Tu voudrais savoir ce qu'il signifie ?

Trois-Pattes acquiesce.

– Une grande proie doit être partagée. Le chasseur qui tue l'animal n'a pas le droit de tout garder pour lui. Il reçoit la plus grande part, mais beaucoup d'autres doivent recevoir quelque chose : les hommes qui ont participé à la chasse, le chef de la tribu, le chaman. On donne également une partie du butin à ceux qui ne peuvent se procurer leur nourriture : les vieux, les malades trop faibles pour chasser, les enfants qui n'ont plus de mère… Partager la proie est indispensable. Sinon la tribu finirait par se diviser en rassasiés et en affamés. Ce serait sa fin.

– Et Bec-d'Oiseau ? demande Trois-Pattes. Il est mort. A-t-il lui aussi droit à… ?

– Bec-d'Oiseau a reçu sa part. Elle a été déposée dans sa tombe. La coutume le veut ainsi. Assez, maintenant. Le travail nous attend. Ce soir commence la fête de la Grande Femme.

Un vent chaud souffle dans la nuit. On a installé de nombreux feux autour de l'abri et le long du ruisseau. Bouche-Cousue a allumé des torches dans la salle des Rites et la galerie qui y mène.

Krull attend l'arrivée de Maramuum, la Grande Femme. La musique* la précède. Des sons aigus et clairs qui masquent le brouhaha de la foule.

Quand, enfin, Trois-Pattes aperçoit la Grande Femme, il la reconnaît immédiatement. Maramuum est grande, lourde. Son corps nu, peint en blanc, luit à la lumière des torches. Ses seins gonflés pendent comme des outres bien pleines. De gros bourrelets de graisse tremblotent sur son dos, ses hanches et ses cuisses, mais son ventre de femme enceinte est bien tendu. Sa tête blanche au masque d'oiseau bat la mesure au rythme de la musique.

La Grande Femme est assise sur des fourrures rousses. Elle semble se balancer sur la crête d'une vague, bien au-dessus des femmes qui marchent autour d'elle. Quelques-unes portent des torches, d'autres soufflent dans des os creux percés de trous. Ce sont elles qui produisent ces sons aigus et clairs.

Arrivée sous le toit de rocher, la vague rousse s'arrête. Trois-Pattes voit maintenant que la Grande

Femme est assise sur un châssis en bois recouvert de fourrures. Les porteurs nichés en dessous posent Maramuum à terre. La musique cesse.

On pénètre dans la grotte selon un ordre établi par la tradition : d'abord Krull, puis Maramuum. Deux femmes la soutiennent. Elle ne peut marcher seule. Son grand corps est trop lourd, ses petits pieds trop faibles. À sa suite viennent les autres femmes. Beaucoup d'entre elles portent de jeunes enfants sur le dos. Puis un groupe de garçons et de filles. Kivi se trouve parmi eux. Elle fait un signe à Trois-Pattes. Tl-Tl, Xan et les meilleurs chasseurs leur emboîtent le pas. Vient ensuite Schleem. Il laisse l'empreinte de son doigt sur la sentinelle de pierre puisqu'il entre dans la grotte pour la première fois. C'est ensuite au tour des hommes et des enfants d'y pénétrer. Le dernier est Trois-Pattes, qui reste à distance respectable des hommes, parmi lesquels il vient de reconnaître Barbe-en-Feu.

Les nombreux feux allumés dans la salle des Rites éclairent toutes les peintures à la fois. Le regard de Trois-Pattes glisse sur elles. Il constate que les différents animaux font en fait partie d'une gigantesque peinture : deux hardes se rencontrent sous le cheval qui flotte dans son nuage. Le garçon a du mal à détourner son regard de ce spectacle. Sur la butte, au milieu de la salle, est assise Maramuum, figée comme une pierre qui pousse. Tout autour d'elle sont plantées dans le sol de petites figurines de pierre, peintes en rouge. Elles ressemblent à la Grande Femme elle-même : une tête d'oiseau sur un corps plein et lourd. Les femmes entourent la butte. Les hommes se tiennent un peu loin, le long des parois de la salle.

Bouche-Cousue frappe des pierres qui poussent pour en tirer de longs sons graves. Ils vibrent à travers la salle avant de revenir en un écho très doux.

Bouche-Cousue attend qu'un son ait fini de vibrer avant de faire naître le suivant. Puis les sons clairs des os creux se mêlent aux sons graves. Les corps des femmes se balancent en un rythme lent. Maramuum dodeline de sa tête d'oiseau. Même les animaux sur la roche obéissent à la musique. Les chevaux avancent lentement, les aurochs trépignent avec retenue.

Trois-Pattes ferme les yeux et se laisse envahir par les sons. Il sent les battements de son cœur et sa respiration épouser le rythme de la musique. Le garçon comprend ce qu'écoute Bouche-Cousue lorsqu'il place la main en cornet derrière son oreille : il cherche à percevoir une musique, que lui seul peut entendre. C'est elle qu'il joue maintenant sur les pierres qui poussent.

La voix de Maramuum sort de la tête d'oiseau. Elle chante des sons aigus et clairs qui s'étirent en une plainte. La douleur et la tristesse du monde s'expriment par elle. Trois-Pattes le sent, bien qu'il ne comprenne pas la langue que parle la Grande Femme. Les femmes montent lentement la butte en se balançant à gauche, à droite. Elles prennent les petites figurines de pierre et les frottent contre le ventre rebondi de la Grande Femme.

Encore une plainte, puis Maramuum se tait. La dernière note des pierres qui poussent se perd dans le silence de la grande salle. Les femmes redescendent la butte à petits pas lents. Chacune serre une figurine contre son ventre.

Un tonnerre d'applaudissements, de claquements d'os et de pierres roule à travers la grotte.

Trois-Pattes qui, jusqu'à présent, n'avait eu d'yeux que pour Maramuum et les femmes, regarde autour de lui. Il lui semble que Barbe-en-Feu s'est rapproché. Et impossible de bouger. Derrière lui se dresse le rocher, autour de lui se presse la foule et trois pattes ont besoin de beaucoup de place pour avancer. Mais Barbe-en-Feu ne semble pas faire attention à lui. Peut-être Trois-Pattes s'est-il trompé.

Bouche-Cousue fait résonner maintenant une seule note en frappant toujours la pierre qui pousse au même endroit.

Kivi et les autres jeunes gens se rassemblent devant Noo. La paroi blanche derrière le gouffre interdit est éclairée. Trois-Pattes remarque pour la première fois que des mains* y sont peintes. Des mains rouges et noires. Il manque des doigts à beaucoup de mains rouges.

Un garçon du groupe s'avance vers Krull. Le chaman enduit sa paume avec de la peinture noire. Le garçon se dirige alors vers l'étroite corniche qui longe la paroi aux Mains, juste derrière le gouffre. Il se déplace avec précaution, le ventre et le visage collés au rocher. Ses pieds font de petits pas de côté.

Bouche-Cousue joue les notes plus vite. Comme bat plus vite le cœur du garçon, que la peur accélère. Un faux mouvement, une pierre qui cède, et il serait précipité dans le gouffre sombre. Et Noo déteste être dérangé.

Le garçon a atteint les mains noires. La corniche est de plus en plus étroite, les coups de Bouche-Cousue se succèdent de plus en plus vite. Le garçon claque sa paume sur le rocher et la musique cesse. Lorsqu'il retire sa main, une empreinte noire scintille sur le mur.

Une cascade de sons clairs se déverse comme un ruisseau à travers la grotte pendant que le garçon, non, maintenant, l'homme, fait demi-tour. Soupirs de soulagement, claquements d'os. Le garçon suivant s'approche de Krull.

Ce spectacle rend Trois-Pattes très triste. Jamais il ne pourra s'aventurer sur l'étroite corniche avec ses trois jambes. Jamais il n'appartiendra ni à la tribu des Trôms, ni à celle des Khors.

Mais, en même temps, il ressent une certaine fierté. Lui aussi laisse des empreintes sur les murs de sa petite grotte, des dessins d'animaux. Peut-être Krull lui permettra-t-il un jour de…

Trois-Pattes sursaute. Barbe-en-Feu est tout près de lui et ricane méchamment. Le garçon sait qu'il ne risque rien tant qu'ils ne sont pas seuls. Mais il doit absolument quitter la grotte au milieu de la foule.

Trois nouvelles mains noires brillent sur la paroi. La tribu a accueilli trois nouveaux chasseurs.

Voilà que la première fille grimpe craintivement sur l'étroite corniche. Un récipient rempli de couleur rouge est posé dans une niche près des mains rouges. La jeune fille pose sa paume sur la paroi et replie un doigt. De l'autre main, elle étale de la couleur sur sa bouche et la souffle sur la roche. Puis elle recommence.

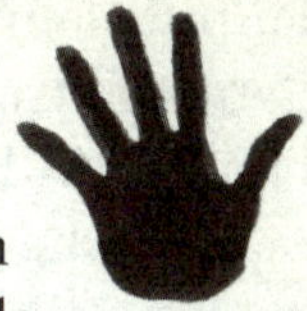

Sa main est restée comme une ombre claire sur le rocher, au milieu d'un cercle rouge. Le majeur ressemble à un petit moignon.

Kivi passe la dernière et ne fait pas comme les autres. Elle atteint avec agilité le bout de la corniche et imprime sa main peinte en rouge sur le mur. Une main rouge sur fond blanc à côté des nombreuses mains blanches sur fond rouge.

Un murmure d'incompréhension s'élève. Seul Krull sait. Mais il donne le signal du départ sans plus d'explications.

Et tout le monde repart par ordre d'arrivée : Krull, la Grande Femme, les nouveaux hommes et les nouvelles femmes…

Tl-Tl et Xan se dirigent vers la sortie. Pour Trois-Pattes, c'est le moment d'agir. Hélas ! Barbe-en-Feu est là, tout proche. Il tourne le dos à Trois-

Pattes comme si de rien n'était. Mais quand Trois-Pattes fait un pas de côté pour l'éviter, le chasseur l'imite, lui barrant la route. Vite, de l'autre côté… mais Barbe-en-Feu y est déjà. Trois-Pattes sait qu'il ne lui échappera pas, que trois pattes sont trop lentes pour le sauver de Barbe-en-Feu.

Les derniers hommes quittent déjà la salle. Les feux commencent à décliner, la pénombre à s'étendre. D'épais nuages de fumée flottent dans la grotte. Barbe-en-Feu se retourne et pousse Trois-Pattes dans une niche. Il rit en découvrant ses gencives édentées.

– C'était une belle fête, tu ne trouves pas, sale petit éclopé ? Maintenant nous allons remettre ça tous les deux.

Trois-Pattes se colle au rocher, cherchant à se protéger avec sa béquille. Soudain une voix s'élève derrière Barbe-en-Feu.

– Oui, c'était effectivement une bien belle fête.

Barbe-en-Feu se retourne, en pestant. C'est Schleem, le chaman. Le chasseur n'a plus qu'à battre en retraite.

Schleem s'approche de Trois-Pattes avec ce même regard étrange que Trois-Pattes ne sait comment interpréter et qui lui déplaît.

– Un homme colérique et dangereux, ce Barbe-en-Feu… Méfie-toi de lui, dit Schleem.

Trois-Pattes garde le silence. Ils prennent le chemin de la sortie. Schleem poursuit :

– On m’a dit que tu ne pouvais voir les images de ton passé. C’est vrai ?

– Oui, répond Trois-Pattes. Chaque fois que je cherche ces images, s’élève en moi une nuée de poussière rouge. Je ne me souviens de rien.

– De rien du tout ?

– De rien du tout. Ni de ma tribu, ni de ma mère… de rien.

Schleem hoche la tête. Ses nombreuses petites tresses hochent la tête avec lui.

– De la poussière rouge, dis-tu ? Hmm… Peut-être devrais-tu recourir à la magie pour guérir. Je vais interroger les esprits.

Pourquoi le chaman est-il si aimable avec Trois-Pattes ? Pourquoi l’a-t-il délivré de Barbe-en-Feu ? Pourquoi accorde-t-il tant d’attention au garçon qui reste invisible pour les autres ? Il devrait lui en vouloir à cause de l’histoire des ours et du bouquetin. L’amabilité de Schleem lui fait craindre le pire.

Dehors, le chaman disparaît, subitement très pressé.

Les voix des deux tribus montent encore quelques instants de la vallée avant de s’éteindre.

Sur sa couche de peaux, Krull a mauvaise mine. Il a même l’air malade, le visage figé, les mains tremblantes. De la salive noire coule aux commissures de ses lèvres. Avec peine, il fait signe à Trois-Pattes de s’approcher.

– Descends à la grotte de la tribu des Trôms… La Grande Femme… veut te parler. Bouche-Cousue t'accompagnera.

Krull ferme les yeux et retombe sur sa couche, secoué par des tremblements.

CHAPITRE 11

Trois-Pattes préférerait mille fois concasser des montagnes énormes de roche noire, rouge ou ocre plutôt que de se rendre chez les Hommes-Chevaux. Il y a là-bas Barbe-en-Feu qui le déteste, Tl-Tl qui ne tolère pas les estropiés. Toutes ces paires d'yeux qui l'ignorent. Mais Trois-Pattes n'a pas le choix. Krull le veut ainsi.

La nuit est claire et un vent chaud souffle des Montagnes noires. Le garçon a fort à faire pour ne pas tomber sur le sentier raide et pierreux. Bouche-Cousue doit le soutenir ou même parfois le porter. Trois-Pattes s'arrête souvent pour se reposer.

Pendant une pause, Bouche-Cousue explique à sa façon, avec les mains et le corps, que Trois-Pattes pourra se remplir le ventre à volonté dans la grotte des Hommes-Chevaux. Mais qu'il fasse attention à ne surtout pas toucher à la boisson qui rend stupide comme un rhinocéros ! Trois-Pattes éclate de rire à l'idée de se transformer en monstre à carapace.

Bouche-Cousue se remet en marche. Trois-Pattes le suit en claudiquant.

La grotte des Hommes-Chevaux n'est plus très loin. Trois-Pattes entend déjà les cris et les rires. Il aperçoit la lueur des feux dans la vallée.

Une odeur fétide monte d'une fosse près du sentier. Elle est remplie d'os, de viande pourrie, de vieilles peaux, d'excréments et autres détritus.

Encore un virage, et Trois-Pattes arrive devant l'entrée de la grotte. Elle est protégée par une avancée rocheuse haute et profonde, assez grande pour accueillir les Trôms et les Khors. Les hommes se pressent autour des nombreux feux qui y brûlent. Ils rient, discutent ou se chamaillent en attendant que le repas soit prêt.

Une odeur appétissante chatouille les narines du garçon. Des morceaux de viande enfilés sur des baguettes sont régulièrement retournés. La graisse s'égoutte dans la braise en chuintant. On a roulé dans de grandes feuilles des poissons qui cuisent sous la cendre. Des lanières de lard grésillent sur des pierres brûlantes. Dans des récipients de pierre, des champignons, des baies, des racines, des fruits et des herbes bouillonnent dans leur jus. On plonge des pierres chauffées par la braise dans des sacs de cuir, jusqu'à ce que les soupes qu'ils contiennent fument.

Bouche-Cousue s'assied près d'un feu et se sert. Trois-Pattes attend sagement que la Grande Femme l'appelle. Il ne la voit nulle part.

Barbe-en-Feu lance au garçon des regards mauvais. Les autres ne lui parlent pas et l'évitent. Sauf Kivi, qui fait de grands signes dès qu'elle l'aperçoit. Elle apporte, sur une grande feuille, des morceaux de canard au miel, du saumon aux noisettes et aux fruits rouges, des champignons frits, des pommes fumantes. Sur une autre, elle a posé des lanières de lard croustillantes, de la viande de cerf garnie de moelle chaude et d'herbes fraîches. Un festin pour Trois-Pattes.

Le silence s'est fait sous l'abri rocheux. On n'entend que les bruits de bouche, de mastication et de craquement d'os qu'on écrase sous la dent. Et aussi les soupirs de contentement, les grognements de bien-être, quelques rots ou pets sonores. Les ventres se remplissent, les visages rassasiés sont luisants de graisse.

Un repas copieux donne soif. On boit un breuvage brun et moussant. Kivi va en chercher un gobelet pour Trois-Pattes. Le garçon ne fait qu'y tremper les lèvres. C'est bon, il en boirait bien davantage. Mais il se souvient de la mise en garde de Bouche-Cousue.

– C'est de l'hydromel*, dit Kivi. C'est fait avec du miel, du jus de baies et je ne sais plus trop quoi. Celui qui en boit beaucoup devient gai, celui qui en boit trop devient bête.

Kivi donne les restes de son repas à sa corneille tandis que Trois-Pattes satisfait sa curiosité.

– Il y a tellement de choses que je ne comprends pas. Aujourd'hui, lors du rite des Mains, dans la grotte, pourquoi les filles ont-elles replié un doigt pour imprimer des mains avec des moignons ?

– C'est simple. Ces signes indiquent de quelle mère sont nées les filles. Mon signe et celui de ma mère, et celui de la mère de Maramuum et ainsi de suite, c'est la main avec les doigts tendus. Les autres filles et leurs mères ont des signes différents. Seules nous, les femmes, avons le droit d'imprimer le signe de la parenté.

La corneille de Kivi plonge soudain sa tête blanche dans le gobelet d'hydromel, puis allonge le cou pour faire descendre la goulée. Elle se dresse sur ses pattes et craille à n'en plus finir.

Sous le rocher, les conversations sont devenues bruyantes, les rires résonnent. L'hydromel rend gai.

– Maramuum va bientôt te faire appeler, dit Kivi. Ma mère est de mauvaise humeur aujourd'hui, comme souvent ces derniers temps. Peut-être est-ce parce que je ne veux pas lui succéder et devenir la prochaine Grande Femme. Ils disent tous que Maramuum est si belle avec sa chair opulente et ses seins lourds. Mais moi je ne veux pas devenir comme elle. Je veux pouvoir marcher et courir sans être soutenue. Elle me dit sans cesse de manger plus, de bouger moins pour que je m'enrobe de graisse.

Kivi rit en montrant ses bras fins et ses jambes fuselées.

– Chez moi, rien n'y fait, même si je mangeais un mammouth par jour. Je reste mince. Je ressemble plus à mon homme-mère Krull, qui est maigre, qu'à la ronde Maramuum. Et puis…

Un homme s'approche de Kivi en titubant.

–Ahhh, la petite Kivi, dit-il d'une langue pâteuse. Tu es donc devenue une femme aujourd'hui. Montre-moi donc…

Il veut saisir Kivi mais sa main se referme sur le vide. La jeune fille a été plus rapide. L'homme perd l'équilibre et tombe lourdement. Kivi balance les restes du repas et l'hydromel sur sa tête. Puis elle attrape une branche et frappe à coups redoublés sur son dos en l'insultant :

–Espèce de sale queue puante de rhinocéros, espèce de…

À chaque insulte, la branche s'abat sur le dos de l'homme. Les spectateurs s'esclaffent et poussent des cris d'encouragement. L'homme échappe enfin à la fureur de Kivi. Un peu plus loin, il enlève d'un air gêné les reliefs de repas de ses cheveux. Trop d'hydromel rend stupide.

–Et puis, continue Kivi comme si rien ne s'était passé, ma mère me torture avec ses herbes médicinales. Il faut que je les étudie. Toutes. Comment on les prépare, comment on les utilise.

Elle se met à chantonner :

Feuilles de pas-d'âne
Cuites à la pleine lune
Chassent la sueur
Guérissent les douleurs.

« Ma mère connaît d'innombrables dictons dans ce genre. Elle me les serine à longueur de journée pour me les rentrer dans la tête. C'est d'un ennui ! Je préférerais…

– Troispaaattes !

La voix aiguë arrive du fond de la grotte.

– Maramuum ! Elle t'appelle, chuchote Kivi. N'oublie pas de la remercier. C'est elle qui a envoyé les herbes médicinales pour ta jambe malade. Ne la fais pas attendre.

Personne n'ose parler en même temps que la Grande Femme. Le garçon boitille dans un grand silence vers le fond de la grotte, vers l'antre de Maramuum. Quelques femmes s'écartent en gloussant. Trois-Pattes craint de trébucher dans la pénombre. Il bute sur un homme allongé par terre. Beaucoup trop d'hydromel.

– Troispaaattes !

Le cri est encore plus fort que tout à l'heure. Une fillette surgit de l'antre et se retourne craintivement. Un gros morceau de viande, lancé avec violence, la rate de peu.

– Dure ! De la viande dure ! hurle-t-on à l'intérieur. Bécasse croassant ! Si tu oses encore me servir une telle viande… Et apporte-moi encore de l'hydromel, tu entends ?

Un gobelet de bois vole à la suite du morceau de viande. Il vaudrait peut-être mieux boire encore un peu plus d'hydromel…

Trois-Pattes pénètre chez Maramuum, en espérant ne recevoir aucun projectile.

L'espace, étroit, ne ressemble pas à une grotte. Le sol et les murs sont couverts de fourrures épaisses. Seule la voûte rocheuse reste apparente. Un parfum lourd et douceâtre flotte dans l'air.

Trois-Pattes aperçoit la Grande Femme derrière des nuages de fumée. Elle est assise sur un tas de fourrures, elle-même vêtue d'une fourrure blanche. Elle n'a plus sa tête d'oiseau et une épaisse chevelure crépue entoure son visage comme une auréole. Les joues charnues sont peintes en ocre, les yeux cerclés de noir. Quelques colliers ornent son cou. De sa bouche et de ses narines s'échappe une fumée blanche.

Trois-Pattes sursaute. La Grande Femme prendrait-elle feu ? Puis il voit le bâtonnet de feuilles roulées dans sa bouche.

Trois-Pattes est entré en rasant les murs. La Grande Femme finit par le remarquer.

–Ah, Trois-Pattes, te voilà. Approche !

Le garçon fait quelques pas timides en direction de Maramuum.

–Viens donc ! Plus près, plus près ! lance-t-elle avec impatience en clignant de ses yeux myopes.

Elle examine le pied de Trois-Pattes qui n'en est plus un, et tâte le moignon.

–Bien ! Parfaitement cicatrisé, dit la Grande Femme.

– Oui, tes herbes ont été très précieuses. Je te remercie, Grande Femme, réplique très vite Trois-Pattes.

Un bref sourire de satisfaction. Maramuum souffle des volutes de fumée et dit :

– Ne me remercie pas. Fais plutôt quelque chose pour moi. Écoute : Krull est un bon chaman. Bien sûr, en ce moment les hommes sont mécontents de lui et le critiquent derrière son dos. Ils disent aussi du mal de moi d'ailleurs. Ainsi sont les hommes. Aujourd'hui par exemple, ils m'ont portée nue à travers la nuit froide. Tu crois peut-être que c'est une partie de plaisir ? Ensuite cette traversée pénible de la grotte, et le retour non moins pénible. Tu as vu comme j'avais du mal à marcher. Je prends tout ça sur moi, pour les femmes. Pour qu'elles enfantent sans problèmes et qu'elles aient du lait pour nourrir leurs petits. Pour que les enfants viennent nombreux et en bonne santé. Et quelle est ma récompense ? De la viande dure ! C'est toute la reconnaissance qu'ils ont pour moi. De la viande dure !

La Grande Femme écrase rageusement le bâtonnet rougeoyant. Un cri strident perce les oreilles du garçon.

– Il arrive, cet hydromel ? Ou voulez-vous que je crève de soif ?

La fillette s'approche et pose d'une main tremblante un gobelet à côté de Maramuum. Elle renverse un peu d'hydromel.

– Bergeronnette empotée ! Grue tremblotante ! hurle Maramuum en lançant un os à la fillette, qui s'enfuit précipitamment.

Maramuum pousse un gros soupir. Elle avale une gorgée, puis s'essuie la bouche du revers de la main, étalant la peinture ocre sur son visage.

– Où en étais-je ? Ah oui ! Krull. Il fait bien son travail. La tribu des Trôms et celle des Khors ne connaissent pas leur bonheur. Elles veulent un autre chaman, ce… comment s'appelle-t-il déjà ? Ce Schleem. Ridicule. Un coq de bruyère vaniteux. Krull est parfait. Mais il est malade. Tu l'as certainement déjà vu au tremblement des mains et à la salive noire. Cela vient de la poudre des pierres noires. C'est un poison qui agit lentement, dans de grandes souffrances. Tu sais bien, Krull met de la poudre dans sa bouche avant de la recracher dans un gobelet, mélangée à de la salive. C'est ainsi que le poison pénètre dans son corps. Krull dit qu'il a besoin du noir des pierres. Qu'il rend ses yeux plus perçants et lui permet de reconnaître plus facilement un animal sur le rocher. Qu'il donne de l'assurance à sa main et fixe mieux la peinture. Jacasseries de pie écervelée. Krull est tout à fait capable de peindre sans ce poison.

Maramuum plonge une coquille de noix vide dans du miel et la met dans sa bouche. Puis elle avale une grosse goulée d'hydromel, avant de poursuivre :

– Je l'ai déjà dit plus d'une fois à Krull. Mais il ne m'écoute pas. Caquetage de femme et grognement de rhinocéros, me répond-il. Dis-le-lui, toi. Peut-être seras-tu plus convaincant. Il t'aime bien. Si Krull ne cesse pas de mâcher cette poudre noire, nous n'aurons bientôt plus de chaman. Et une tribu sans chaman ne va pas bien loin dans l'obscurité qui s'abat sur elle… Trois-Pattes, il faut que tu convainques Krull, que tu martèles dans son crâne de bourrique entêtée le danger qu'il court.

Trois-Pattes hoche la tête énergiquement. Mais il doute d'y arriver. La tête de Krull est très dure.

– Assez maintenant, dit Maramuum en bâillant. Va-t'en.

Lorsque le garçon atteint la sortie, la Grande Femme ronfle déjà, son corps énorme largement étalé sur les fourrures.

Le silence s'est fait sous l'abri. Les braises rougeoient faiblement. Quelques rats filent par-dessus le corps des dormeurs.

Bouche-Cousue est assis, les yeux fermés, la main en cornet derrière son oreille. Il écoute attentivement la musique que Trois-Pattes ne peut entendre. Quand il se lève enfin, Trois-Pattes lui demande :

– La musique était belle ?

Bouche-Cousue secoue tristement la tête et répond avec les mains.

– Les notes de la mort dans le noir, les sons du malheur et du danger. Non, ce n'était pas une belle musique.

Lorsque Trois-Pattes et Bouche-Cousue reprennent le chemin du retour, l'aube pointe déjà.

CHAPITRE 12

La béquille de Trois-Pattes s'est rompue juste sous la fourche. Elle n'a pas supporté le chemin du retour après la grande fête dans la grotte des Hommes-Chevaux.

Trois-Pattes attend, grognon, que Bouche-Cousue lui apporte une nouvelle béquille. Le garçon peut certes poser son moignon par terre, mais il doit alors se tordre dans tous les sens, et se fait vite mal au dos. Deux jambes ne lui suffisent pas.

Krull n'est pas là et Trois-Pattes n'a plus de travail. Ses mains, qui n'ont pas l'habitude de se tenir tranquilles, jouent sans entrain avec la fourche de la béquille brisée. Il essaie de lancer une petite branche en la calant dans la fourche. Sa trajectoire l'étonne. Elle a volé plus loin que si on l'avait lancée à la main. La mauvaise humeur de Trois-Pattes s'évanouit. Il cherche une autre branche, plus longue. Il faut qu'elle soit bien droite. Il la coince dans la fourche et la projette. Elle siffle en fendant l'air et se plante comme une sagaie dans le sol mou près du ruisseau.

Le dos douloureux est oublié. Trois-Pattes saute sur ses pieds et essaye différentes branches, différentes fourches. Il raccourcit une extrémité de la fourche, taille des encoches au bout de la branche. Et il lance, encore et encore. Il crie de plaisir lorsque la branche, non, plutôt la sagaie, se plante particulièrement loin.

Il y a des échecs, aussi. Parfois la sagaie monte très haut, puis retombe, fatiguée, à quelques pas de Trois-Pattes. Ou alors elle vole au ras du sol, s'accroche aux buissons, aux herbes pour retomber à plat. Mais le garçon réussit de plus en plus souvent son coup. Quand il lâche la sagaie au bon moment, elle décrit en sifflant un arc aplati avant de se ficher dans le sol en vibrant.

Trois-Pattes est en nage mais il continue à ramasser ses projectiles et à faire de nouveaux essais. Il ne remarque même pas Krull qui vient de sortir de la caverne.

– Bien, Trois-Pattes ! Je crois que tu es sur une bonne piste. Continue !

Le garçon boitille vers le chaman et demande :

– Krull, pourquoi les sagaies volent-elles plus loin avec… avec cette chose, que lorsque je les lance à la main ?

Le chaman examine le bout de bois, fait quelques mouvements de lancer puis passe sa main sur son crâne chauve.

– Je ne sais pas exactement pourquoi. Je crois qu'il rallonge le bras. Et tu as besoin de moins de force. Hmm, j'ai envie d'appeler ce… cette chose « propulseur* ».

Krull disparaît dans le petit boyau où sont stockées les provisions et revient avec une ramure de cerf.

– Essaie donc avec ça. Ça a déjà presque la forme d'un propulseur. Il suffit que tu le retailles un peu.

Et il éclate de rire.

– Tu n'en auras donc jamais assez, Trois-Pattes : une jambe de bois et un bras en corne ! Je me demande comment ça va finir !

Trois-Pattes travaille à son propulseur en corne, assis près de Krull qui sirote une soupe d'herbes. Krull montre de temps à autre au garçon comment incliner la lame en silex pour donner la forme souhaitée au propulseur.

Comme le chaman est de bonne humeur, Trois-Pattes ose aborder un sujet délicat.

– Krull, la Grande Femme a dit que la poudre des roches noires contient un poison qui…

Trois-Pattes ne peut pas continuer. Le visage de Krull a viré au rouge. Il jette le gobelet de soupe, et se dresse d'un air menaçant devant le garçon. Il hurle d'une voix suraiguë :

– Tais-toi ! Je sais ce que dit Maramuum. Combien de fois ne m'en a-t-elle pas rebattu les oreilles ! Tout ça n'est que grognement de rhinocéros et caquetage de femme. Et tu t'en mêles, toi aussi ?

Le garçon, effrayé, recule lentement. Krull le suit d'un pas rageur. Il ne cesse de pointer son index dans les côtes du garçon.

– Du poison dans les roches noires ! Ça ferait rire même le rhinocéros le plus stupide. Du poison ! Des forces bénéfiques, oui ! Elles me guérissent de ma maladie, m'aident à faire de bonnes peintures. Que connaît Maramuum à la peinture ? Que ce sac de graisse à pattes s'occupe de son propre corps. Dis-le-lui, Trois-Pattes, dis-le-lui !

Trois-Pattes ne peut plus reculer, adossé au rocher. Krull approche lentement son visage de celui du garçon et lui glisse dans un sifflement :

– Ne me reparle jamais de ça, Trois-Pattes, sinon...

Krull fait demi-tour en donnant des coups de pied rageurs dans tout ce qui se trouve sur son passage, puis finit par s'asseoir près du feu en bougonnant. Longtemps le garçon n'ose se mettre à sa portée.

Enfin, Krull lui fait signe de s'approcher.

– N'aie pas peur, Trois-Pattes. Ma colère ne s'adressait pas à toi.

La voix de Krull est redevenue calme et grave. Trois-Pattes reprend son travail.

– Ma colère ne s'adressait pas non plus à Maramuum. J'ai mal parlé de la Grande Femme. Ce n'était pas juste. Krull était furieux contre lui-même. Oui, je sais. La poudre de roche noire me rend malade.

Je le sais mais je ne veux pas l'avouer. Parce que j'ai besoin de cette poudre pour faire de bonnes peintures…

Krull ferme les yeux et poursuit dans un murmure :

– La poudre noire… Dès qu'elle se mélange à ma salive, il se passe quelque chose d'étrange. Comme à la suite d'un choc indolore sur la nuque, je me réveille dans un autre monde. Un monde aux couleurs plus éclatantes, aux formes mieux définies. Je vois sur le rocher de superbes animaux qui ne demandent qu'à être peints. Je ne sens plus mon corps. Seule existe ma main, qui dessine des animaux avec légèreté et assurance. Il n'y a plus que ma main, mes yeux et ces animaux sur le rocher… rien d'autre. Ah, poudre noire ! Tu me conduis dans un monde magnifique dans lequel je suis heureux, mais comme tu te venges sur mon pauvre corps !…

Krull se tait. Quand il rouvre les yeux, il dit dans un grondement :

– Trois-Pattes, ne t'avise pas de toucher à la poudre des pierres noires. Tu es trop jeune, tu as encore de la force. Moi, je vieillis. J'ai besoin de leur magie pour mener à bien ma tâche : la nouvelle salle des Rites. Le temps de la Chasse collective est proche. Trop proche…

Trois-Pattes lève les yeux de son travail et demande :

– Tu avances ?

Krull regarde fixement devant lui et dit à voix basse :

– Je n'ai pas encore commencé le travail.

Il y a de la peur dans les yeux du chaman.

CHAPITRE 13

Un grattement réveille Trois-Pattes. Il se redresse et scrute l'obscurité. La petite flamme de la lampe à graisse près de lui vacille, sur le point de s'éteindre.

Le garçon peine à se souvenir qu'il est dans sa grotte. Il a dessiné beaucoup de nouveaux animaux et s'est endormi, terrassé.

À nouveau le grattement. Ça semble provenir des blocs de pierre auxquels il est adossé. Impossible. La grotte se termine par ces gros blocs.

Trois-Pattes y pose son oreille. Il entend de nouveau le grattement. Maintenant il distingue aussi une faible lueur entre deux pierres. Le garçon retient sa respiration. Il en est sûr maintenant : une autre grotte se trouve derrière ces blocs. Et quelqu'un y gratte quelque chose.

Puis le bruit cesse, la lumière disparaît. Le garçon soupire de soulagement.

Il remplit la lampe à graisse et ajoute une nouvelle mèche. Il pousse un bloc, puis un autre. Peu à peu apparaît un boyau étroit. Le garçon s'arc-boute sur les rochers pour agrandir l'orifice. Il souffle et peine. Ses mains et ses genoux sont déjà tout ensanglantés. Mais il poursuit son travail, tenaillé par la curiosité.

Le passage est enfin assez grand. Trois-Pattes se couche sur le ventre et entre en rampant dans le boyau. Il tient la lampe devant lui.

Le sol argileux est mouillé, glissant. Le corps du garçon dégringole si facilement sur la pente raide qu'il doit freiner des mains et des coudes.

Une grosse pierre lui barre soudain le chemin. Avec effroi, Trois-Pattes s'aperçoit qu'il a été aussi stupide qu'un rhinocéros. Comment a-t-il pu s'aventurer dans le boyau tête la première, sans avoir auparavant vérifié qu'il y avait une issue ? qu'il ne s'engageait pas dans un gouffre sans fond ? Une pierre lancée dans le vide lui aurait tout de suite donné la réponse.

Maintenant il est bloqué. Il ne peut ni reculer à cause du sol trop glissant, ni se retourner parce que le boyau est trop étroit. Devant lui il y a la pierre. Krull a dit que la grotte n'acceptait ni impatience ni hâte. Trois-Pattes l'a oublié. Et la grotte se venge en le retenant entre ses griffes.

Trois-Pattes sait qu'il faut résister à la grande peur, réfléchir. La seule issue est d'avancer. La pierre devant lui doit donc disparaître. Il pose la lampe et saisit la pierre des deux mains. Il pousse, tire, secoue. Ses poings cognent. En vain. Elle reste solidement ancrée dans l'argile. Les doigts de Trois-

Pattes dégagent profondément la pierre. Et de nouveau, il secoue, pousse, tire. Rien ne bouge. Le garçon insulte la pierre. Mais la pierre, qui n'a pas d'oreilles, reste immobile.

Épuisé et désespéré, le garçon pose la tête contre la surface froide et humide. La pierre est ancrée au sol. Trois-Pattes aussi.

Mais la rigole creusée autour de la pierre se remplit d'eau. En s'écoulant, l'eau entraîne de l'argile et des cailloux. Alors, Trois-Pattes s'appuie de nouveau contre la pierre et pousse. Cette fois, elle cède un peu. Petit à petit, l'eau la libère de sa gangue d'argile. Le garçon arrive maintenant à desceller le bloc et à le faire rouler dans le boyau. Il l'entend rebondir quelque part dans l'obscurité. La voie est libre.

Trois-Pattes se laisse glisser, malgré la peur et l'eau froide qui le glacent. Le boyau devient enfin plus large, et la pente s'adoucit. Trois-Pattes peut se redresser. Quel soulagement ! À ses pieds, l'eau disparaît dans une crevasse en glougloutant.

Trois-Pattes s'apprête à s'engager dans la galerie qui s'ouvre devant lui, lorsqu'il remarque des traits sur la paroi. Ils se recoupent dans tous les sens, profondément gravés dans la roche. Il approche la lampe. La gravure semble récente car il y a de la poussière blanche sur le sol. C'était probablement ça, le grattement qu'il a entendu.

Trois-Pattes contemple les traits sans comprendre. Qui s'amuse à graver des signes dans ce recoin caché de la grotte ? Et dans quel but ? Soudain, ses yeux s'écarquillent, sa bouche bée. Ses mains tremblent tellement qu'il en laisse presque tomber la lampe.

Ces stries ne sont pas que des stries. Elles forment un dessin esquissé à la hâte. Mais Trois-Pattes reconnaît clairement de quoi il s'agit : un homme est allongé sur le dos, les jambes et les bras tendus. Il veut se protéger contre des coups de sagaie mortels. Les sagaies sont fichées dans sa poitrine, son cou et son visage. Trois en tout.

Trois-Pattes doit s'agripper au rocher. « Interdit ! » entend-il hurler dans sa tête. « Il est défendu de peindre l'homme, car il est interdit de lui faire la chasse », a dit Krull. Trois-Pattes n'a jamais vu de représentation* d'homme dans la grotte. Et encore moins celle d'un homme percé de sagaies.

Quelqu'un veut faire une chasse à l'homme. Qui est le chasseur ? Qui est la proie ? Trois-Pattes n'en sait rien, mais il a peur.

Il lui faut vite quitter la caverne. Parler à Krull de ce dessin. Peut-être lui en sait-il davantage ? Le chaman sait tellement de choses.

Mais la curiosité le retient. Où mène cette galerie ? Est-ce qu'il va y trouver d'autres dessins, d'autres secrets monstrueux ?

Il avance juste un peu encore, jusqu'au prochain coude que fait la galerie. Et qu'y a-t-il derrière ? Il insiste. De coude en coude, ses pas le mènent toujours plus loin.

Soudain, le garçon se retrouve dans une salle ronde, sans plafond. Les parois sont si hautes qu'elles disparaissent dans l'obscurité.

Les pas de Trois-Pattes résonnent. Leur écho ne revient qu'après une longue pause. Le garçon n'imaginait pas qu'une grotte puisse être aussi haute.

À un endroit argileux de la paroi, Trois-Pattes remarque une empreinte très longue avec des rainures régulières, comme l'empreinte d'une… d'une corde. Une corde ? Comment une corde pourrait-elle arriver jusqu'ici ? Trois-Pattes cherche dans ses souvenirs. Où a-t-il donc vu une corde il y a peu ? En un éclair le jour se fait dans sa tête. Krull ! L'autre fois, Krull est sorti avec une corde du fond de Noo, le gouffre interdit.

Une sueur froide inonde le garçon lorsqu'il devine l'endroit où il se trouve : au fond du gouffre interdit.

« Noo ne veut pas être dérangé », a dit Krull. Partir ! Vite ! Peut-être n'est-il pas encore trop tard pour échapper à la vengeance de Noo. Trois-Pattes fait demi-tour. Mais ses pieds ne veulent pas le porter. Il est là, immobile comme une pierre qui pousse, à fixer soudain une peinture à l'entrée de la galerie. Ou plutôt une histoire racontée avec de la peinture noire et rouge.

Un bison imposant est blessé à mort. Une sagaie transperce son ventre. Les entrailles s'échappent de la blessure. Mais l'animal est encore debout. Il dresse rageusement les poils de l'encolure et relève la queue. Sa tête baissée est prête pour l'attaque. Les cornes, pointées contre l'homme debout devant lui, attendent la confrontation. Cet homme, c'est Bec-d'Oiseau. Ses armes lui ont échappé des mains. Bec-d'Oiseau tombe vers l'arrière, raide comme un arbre déraciné. Dans un instant, le bison va porter son coup fatal. Dans un instant, ses cornes vont s'enfoncer dans le corps de l'homme…

Trois-Pattes reste longtemps plongé dans la contemplation de la scène. Il a oublié la peur que lui inspire Noo. Sous la peinture se trouvent les armes brisées de Bec-d'Oiseau. Le garçon sait maintenant ce que le chaman faisait ce jour-là dans le gouffre interdit : il retraçait la triste histoire de Bec-d'Oiseau. Pour se souvenir, pour que ceux qui viendront après lui puissent la revivre…

Trois-Pattes s'arrache à la peinture, boitille hâtivement vers la galerie. Noo, le gouffre interdit… Il faut partir au plus vite. Au passage, la lumière de sa lampe éclaire un sachet de cuir, posé dans un recoin. Il y a un trou au milieu, béant et rouge comme une blessure. Trois-Pattes ne peut s'empêcher de sourire, malgré sa peur. Il repense à l'homme-bison dans la grotte, à la danse des chasseurs, au coup de grâce, au sang qui gicle, à la bête qui se meurt. Le sang, c'était de la couleur rouge !

Mais Trois-Pattes doit se dépêcher. La lampe ne va plus brûler très longtemps.

Il s'arrête cependant devant le dessin de l'homme transpercé. Un soupçon douloureux l'envahit : Krull ! Seul Krull sait où est cachée la corde pour accéder au fond du gouffre interdit. C'est lui qui a dessiné l'homme transpercé, ainsi que l'histoire de Bec-d'Oiseau. Krull ! Qui veut-il tuer ?

Trois-Pattes accélère le pas, comme pour échapper à cette épouvantable pensée. Il remonte à grand-peine le boyau étroit dans lequel coule l'eau, pour se retrouver enfin dans sa grotte, au milieu de ses images familières et réconfortantes.

Il referme avec des pierres ce passage vers le gouffre interdit, qui doit rester secret. Personne ne doit connaître l'existence du dessin de l'homme transpercé. Et Krull ne doit pas savoir que Trois-Pattes sait.

Épuisé, le garçon s'assied pour reprendre son souffle et mettre de l'ordre dans ses pensées. Krull. Il n'a que le chaman en tête : Krull ne peut vouloir tuer un homme. Il résout les difficultés d'une autre manière. Avec douceur et légèreté. Comme le cheval flottant dans son nuage blanc. Krull ne dessine pas non plus avec ces traits hâtifs et sauvages qui traduisent la colère et la haine. Mais qui d'autre connaît le chemin du gouffre interdit ? Qui d'autre fait des peintures sur les murs des grottes ? Le garçon n'a pas de réponse.

À contrecœur, Trois-Pattes prend le chemin de la sortie. Il n'est pas pressé de retrouver Krull. Si le chaman regarde dans sa tête, alors il saura tout ce que Trois-Pattes a vu.

Le garçon traverse la grande salle des Rites. Il passe au plus vite à côté de Noo, soulagé que sa vengeance ne l'ait pas frappé. Mais que peut-il bien savoir du gouffre interdit ? Peut-être Noo se vengera-t-il plus tard, et d'autant plus terriblement.

Trois-Pattes jette en passant un coup d'œil à la paroi aux Mains, et s'arrête, surpris. Il vient de voir une nouvelle main. Blanche dans un cercle rouge.

Une si petite main n'existe pas. Même les mains d'enfants sont plus grandes. Il secoue la tête. Il a vu trop de nouvelles choses aujourd'hui, trop de choses qu'il ne parvient pas à s'expliquer.

Sous l'abri est assis Krull, près d'un feu éteint. Sa tête repose entre ses mains. Il murmure des paroles incompréhensibles. Ses yeux brillent d'un reflet rouge. Lorsque Trois-Pattes s'installe en face de lui, il dit d'une voix fatiguée :

– Maramuum, la Grande Femme, a accouché aujourd'hui. Elle a mis au monde un enfant mort-né. J'ai peint la petite main sur le rocher. Un triste travail. Mais c'est ainsi que le veut la coutume.

Krull soupire et se cache le visage dans les mains.

– Le malheur ne nous lâche pas. La chasse infructueuse, Bec-d'Oiseau, et maintenant l'enfant mort. Maramuum n'est pas en bonne santé, ce qui explique cet accident. Mais c'est sur moi que retombe la faute. « Une nouvelle salle des Rites », crient-ils tous. Je ne sais pas. Peut-être de nouvelles images sont-elles nécessaires pour que le malheur cesse. Une salle pleine de nouvelles peintures. Je ne sais pas si j'en suis capable. Je suis fatigué…

Krull remue la cendre froide avec une baguette et ne dit plus rien. Trois-Pattes aussi reste muet. Il attend que le chaman lui parle du dessin de l'homme transpercé.

CHAPITRE 14

Le soleil ne s'est pas encore levé. Krull dort sur sa couche. Trois-Pattes avale bruyamment sa soupe d'herbes près du feu. Il a mal dormi. Un mauvais rêve l'a réveillé et l'a tourmenté toute la nuit. Les images de ce rêve continuent à voyager dans sa tête : Trois-Pattes est couché sous le toit de rocher et sent que quelque chose s'approche de lui. Il veut se redresser pour voir ce que c'est. Mais il est comme paralysé. La chose est maintenant très proche de sa couche, mais il ne peut la voir. Il lui est impossible de tourner la tête, il a peur. Ses yeux grand ouverts fixent le plafond au-dessus de lui. Un visage pénètre lentement dans son champ de vision. Des yeux sombres, profondément enfoncés dans leurs orbites, le regardent.

« Homme ou animal ? » se demande le garçon. Le visage est poilu, avec une arcade sourcilière proéminente. Mais les yeux pétillent d'intelligence, en le regardant gravement.

Trois-Pattes pousse un hurlement qui le réveille, chassant le cauchemar. Il est trempé de sueur.

La soupe d'herbes chaudes l'a calmé. Mais les images du rêve ne quittent pas sa tête. Il n'est plus tout à fait sûr… était-ce vraiment un rêve ?

Kivi dégringole la pente qui fait face à la grotte. Légère, elle bondit par-dessus le ruisseau, puis remonte à grands pas rapides vers l'abri. Elle est déjà là, suivie de la corneille qui vient se jucher sur son épaule.

– Aujourd'hui, tu as été plus rapide que ton oiseau, dit Trois-Pattes.

– Il m'a laissée gagner ! répond Kivi en riant.

Elle caresse la corneille sous le bec.

– Où est Krull ? demande-t-elle.

Trois-Pattes fait un signe vers la couche, où le chaman dort. Kivi le réveille. Krull bâille en s'étirant.

– Lève-toi vite, Krull, dit Kivi. J'ai vu Xan, le chef de la tribu des Khors et quelques-uns de ses hommes. Ils viennent vers ta grotte en criant et en agitant leurs sagaies. Ils se conduisent comme une bande de rhinocéros enragés. Je ne sais pas ce qu'ils ont.

Krull grommelle en s'asseyant près du feu.

– Que veux-tu qu'ils aient ? Xan aura bu trop d'hydromel. Maintenant une nuée de mouches bourdonnent dans sa tête et une poignée de crabes lui pincent les entrailles. Il faut encore que je lui vienne en aide. Comme si un chaman n'avait pas des choses plus importantes à faire.

Krull continue à bougonner dans sa barbe. Trois-Pattes et Kivi ne répliquent pas. Quand Krull est de mauvaise humeur, il vaut mieux se taire.

Kivi regarde avec curiosité Trois-Pattes tailler son propulseur. Elle s'apprête à lui demander des explications lorsque arrivent Xan et ses hommes. Schleem les accompagne.

La marche rapide et la montée leur ont coupé le souffle. Krull les invite à s'asseoir.

– Krull, dit Xan, haletant, nous avons vu un sans-cou*. Là-bas, près de notre camp. Nous lui avons fait la chasse. Il était trop rapide et nous a échappé.

– Dommage surtout que je n'aie pas été avec vous. À moi, il ne m'aurait certainement pas échappé, chuchote Kivi en pouffant.

Les hommes envoient à Kivi des regards lourds de menaces. Même Krull secoue la tête avec sévérité.

Kivi a un sourire gêné. Elle lève la main en guise d'excuse et s'éloigne de quelques pas. Les regards restent longtemps fixés sur elle. Puis Xan poursuit :

– Le sans-cou a disparu dans la direction de ta grotte. L'as-tu aperçu ?

Krull secoue la tête.

– Non, je dormais. Ça fait très longtemps que je n'ai pas vu de sans-cou. Je croyais qu'ils avaient quitté les Montagnes noires. Mais pourquoi toute cette agitation, Xan ? Un sans-cou ne représente pas de danger pour nous.

– Krull, Krull… Tu prends cette affaire trop à la légère. Partout où ces monstres apparaissent, ils volent, tuent et chassent notre gibier. Rien qu'à les voir, on comprend qu'ils sont dangereux : leur crâne sans cou vissé sur un corps massif et velu, leurs longs bras, et surtout leurs yeux sournois et mauvais, explique Xan en frissonnant d'horreur.

Schleem, le chaman, lève la main. Xan l'autorise à prendre la parole.

– L'apparition d'un sans-cou est toujours un signe funeste. Le malheur suit. Ce n'est qu'en le tuant qu'on peut écarter le malheur.

Schleem ferme les yeux pour mieux se souvenir. Il dit à voix basse :

– Jadis, il n'y a pas si longtemps, les sans-cou volèrent un nouveau-né à une tribu. Les chasseurs de cette tribu les poursuivirent. Ils retrouvèrent le campement délaissé des sans-cou. Près du feu il y avait les os d'un petit enfant, rongés…

Schleem tire la langue. On n'y décèle nul mensonge. Les hommes hochent la tête. Krull ne montre aucune réaction.

– Ça se pourrait, dit-il. Je ne sais pas. Je n'ai encore jamais été volé par aucun d'entre eux. Ils ne m'ont encore jamais fait de mal. Il y a très très longtemps, la Terre était pleine de sans-cou. Une tribu habitait cette caverne. Mais à l'époque il n'y avait pas encore de peintures sur les parois. Puis nous sommes arrivés, nous, les hommes. Nous n'étions pas très nombreux, mais nous avons chassé les sans-cou. Nos armes étaient meilleures. Nos premiers chamans ont laissé les premières traces de mains et de doigts dans la pierre tendre. Ces images voulaient dire : « Nous, les hommes, prenons possession de cette grotte. Elle nous appartient désormais. » C'est ainsi que le racontent les anciens, qui tiennent ce récit de ceux qui étaient les anciens avant eux. Maintenant, c'est nous, les hommes, qui peuplons la Terre. Les sans-cou se font rares. Nous n'avons rien à craindre d'eux. Bientôt, ils n'existeront plus du tout. Nous disons d'eux qu'ils ne sont pas des hommes. Ce n'est pas juste. Ils ont aussi un langage, même si nous ne le comprenons pas. Ils utilisent aussi des armes et des outils, même s'ils sont moins efficaces que les nôtres. Lorsque nous prenons un grand animal à la Terre, nous le lui rendons en le peignant sur un mur de la caverne. C'est ainsi que le veut la coutume, c'est ainsi que le veut la Terre. Et vous, vous voulez faire la chasse à des êtres qui sont peut-être des hommes ? Cela apportera le malheur. Si les sans-cou n'existent plus, la Terre en sera d'autant plus pauvre, et perdra peut-être son équilibre…

Les hommes se taisent longtemps, réfléchissent à ce que Krull a dit. Puis ils recommencent à discuter de la vie et de la mort du sans-cou. Pendant qu'ils parlent ainsi, Kivi s'éloigne un peu, suivie de Trois-Pattes.

–Je n'ai jamais vu de sans-cou, dit Kivi. Ils ne me font pas peur. Je suis plus rapide qu'eux. Et qu'ils mangent les petits enfants, je n'y crois pas. Schleem peut bien tirer la langue aussi loin qu'il voudra. Mais il y a quelque chose de vraiment étrange les concernant. Maramuum dit qu'ils ne peuvent ni rire, ni même sourire...

Trois-Pattes traverse la salle des Rites. Il va voir ses dessins. Kivi est retournée dans la grotte des Hommes-Chevaux. Quelques chasseurs sont partis chasser le sans-cou. Krull, Xan et d'autres chasseurs sont restés près du feu et ont parlé, parlé... Peut-être parlent-ils encore.

Trois-Pattes n'aime pas Xan, ni Schleem. Il n'aime pas ce qu'ils disent et n'a aucune confiance en eux. Le garçon préfère se retrouver seul dans sa grotte avec ses images. Il faut qu'il réfléchisse, qu'il mette en ordre ses pensées concernant Krull.

Krull l'a sauvé. Il le protège, lui enseigne des choses intéressantes, lui explique le monde. Trois-Pattes aime ses explications. Elles lui semblent bonnes et justes. Et Krull a peint le cheval suspendu dans son nuage blanc. Mais le chaman fait aussi des choses que Trois-Pattes ne comprend pas : il descend en secret dans Noo, le gouffre interdit, grave un homme transpercé sur la roche, s'empoisonne avec de la poudre noire. Krull n'a toujours pas commencé à peindre la nouvelle salle des Rites. Krull a des secrets. Krull… Trois-Pattes ne sait pas ce qu'il doit penser de Krull. Le chaman est un grand mystère.

Il sursaute. De la lumière brille dans sa grotte. Il n'y a pas prêté attention en entrant, concentré qu'il est sur ce qui se passe dans sa tête.

À l'autre bout de la grotte, un être est accroupi. Le rêve revient en force. La même tête, le même front bas, les arcades sourcilières proéminentes, le visage poilu. Le même regard grave et intelligent.

L'être se redresse lentement. Trois-Pattes se souvient du récit de Xan : un corps poilu, de longs bras, et entre le corps massif et le crâne, rien, pas de cou.

C'est le sans-cou.

Quelques pas seulement les séparent. Le sans-cou est sur la défensive. Il tient une sagaie courte, prêt à s'en servir. Trois-Pattes n'a pas d'armes. Il n'a qu'une béquille. Il est hors de question de se sauver.

Ils restent longtemps ainsi, immobiles.

Très lentement, Trois-Pattes tourne ses paumes de mains vers le sans-cou pour lui montrer qu'il n'a pas d'armes, et lui dit :

– Je ne te veux pas de mal.

Le sans-cou penche la tête comme pour mieux entendre Trois-Pattes. Puis il prononce des sons sourds. Rien de compréhensible pour Trois-Pattes, qui acquiesce cependant. Surtout, ne pas brusquer les choses. Le sans-cou hésite, puis baisse son arme. Trois-Pattes soupire de soulagement. À nouveau le silence, l'attente. Longtemps. Puis le sans-cou touche sa poitrine et dit de sa voix grave :

– Uum !

Trois-Pattes ne comprend pas. Le sans-cou reprend en se frappant la poitrine :

– Uum. Uum. Uum !

Trois-Pattes croit comprendre. Il pointe l'index sur le sans-cou et dit lentement :

– Uum !

Les yeux du sans-cou s'éclairent l'espace d'un instant. Trois-Pattes frappe sur sa poitrine et dit :

– Trois-Pattes.

Maintenant, c'est au tour de Uum de montrer le garçon du doigt en disant :

– Oiatte.

Trois-Pattes hoche la tête en souriant.

Uum ne sourit pas. Il s'approche de quelques pas et s'assied. Après un instant d'hésitation, Trois-Pattes s'assied en face de lui. Uum parle. Pas avec la bouche. Avec les mains, avec les bras. Tout son corps prend la parole. Uum saute sur ses pieds et se déplace à travers la grotte. Il balance les bras, trépigne, désigne différentes peintures d'animaux. Il se baisse, prend son élan, sautille. Le sans-cou raconte son histoire en dansant.

Uum vit dans une petite tribu, loin dans les Montagnes noires. Il revient souvent dans cette caverne qui a appartenu autrefois aux siens, avant d'appartenir aux longs-cous. Uum ne veut pas la leur reprendre. Il vient juste contempler les peintures des animaux. Dans sa tribu, personne ne sait dessiner. Uum adore ces images. Il a souvent observé Trois-Pattes. Uum aime le garçon parce qu'il sait dessiner des animaux.

Uum a fini son histoire. Il s'assied et regarde Trois-Pattes de ses yeux graves. Le garçon saisit un morceau de roche rouge et dessine un cheval à un endroit encore libre de la paroi. Puis il montre le cheval et fait comprendre à Uum qu'il lui appartient. Le sans-cou se lève d'un bond et caresse les mains de Trois-Pattes. Puis il s'installe devant le cheval et le contemple longtemps, les yeux brillants.

Uum ne rit pas, ne sourit pas, mais Trois-Pattes sait qu'il lui a fait très plaisir. Le sans-cou sort des petites pommes vertes de sa besace et les dépose par terre, sous le cheval. Il effleure le dessin d'une caresse délicate, puis va nourrir aussi les chevaux plus anciens : il pose des pommes sur des saillies du rocher, coince des herbes dans les fissures. Uum évite soigneusement les animaux dangereux, les ours, les lions, les mammouths, les rhinocéros. Il s'adresse à eux dans leur langue, hennit, grogne, bêle, caquète… Trois-Pattes sait maintenant que Uum est un homme.

Uum lui a seulement dit « Oiatte ! » en faisant un signe de la main avant de disparaître en direction de la salle aux Ours. Trois-Pattes s'étonne. Dans la salle aux Ours, la caverne se termine par le grand lac souterrain. Uum connaîtrait-il une autre issue ? A-t-il hérité d'un savoir ancien, transmis depuis des temps immémoriaux ? Krull devrait être au courant. Personne ne connaît la caverne mieux que lui.

Le garçon est content d'avoir rencontré Uum. Le sans-cou ne lui veut aucun mal. Et tous deux partagent un sort semblable : la tribu des Trôms et des Khors n'aiment pas les sans-cou. S'ils attrapent Uum, ils le tuent. Tout comme ils tueraient Trois-Pattes si Krull ne le protégeait pas.

Personne sous l'abri rocheux. Très peu de braises dans le foyer. Le garçon aperçoit l'espace d'un instant deux hommes qui marchent sur la crête de la colline. Krull et Xan. Ils se dirigent vers le campement des Khors.

Trois-Pattes se sent oppressé. Sans savoir pourquoi.

CHAPITRE 15

Un bruissement de feuilles sèches réveille Trois-Pattes. Le vent les fait danser en tourbillons sous le toit de rocher. C'est un vent chaud, qui vient du sud. Krull dit qu'il rend les hommes irritables. Les nuages sont sombres et bas.

Le garçon cherche le chaman des yeux. Mais sa couche n'a pas été utilisée. Où a-t-il passé la nuit ?

Trois-Pattes fait du feu et mâche des baies séchées en buvant de l'eau chaude sucrée au miel. Puis il se met au travail. Il sculpte un oiseau à l'extrémité du propulseur. Le bec de l'animal est le crochet dans lequel la sagaie sera placée. Il orne le manche d'un bouquetin. L'arme a une bonne assise dans la main.

Il s'agit maintenant de trouver des sagaies. Elles doivent être bien droites, plus lourdes à la pointe. Le garçon n'enlève pas la petite fourche à leur extrémité car elle s'adapte bien au crochet du propulseur. Ainsi la sagaie ne dérape pas.

Trois-Pattes fait quelques essais. Il arrive à faire voler ses sagaies haut et loin, sans se fatiguer. Seul le vent les dévie de leur course. Une sagaie plus lourde ne quitterait pas sa trajectoire aussi facilement…

Trois-Pattes est content. Il a créé quelque chose de nouveau. Krull dirait plutôt qu'il a trouvé quelque chose qui a toujours existé, et qu'il a été le premier à le voir. Le chaman pense toujours avec modestie.

D'après lui, il en a été ainsi pour tous les objets qu'utilisent les hommes : la pierre à feu, la cape en fourrure, les lames en silex… Ils étaient tous là depuis des temps immémoriaux. L'un après l'autre, des hommes, qui avaient les yeux ouverts, les ont ramassés et utilisés. Combien de choses reposent encore dans le monde, attendant d'être vues ? Cette pensée lui donne le vertige.

Le garçon soupire. Il a vu le propulseur le premier. Mais pourquoi ne parvient-il pas à distinguer à travers la poussière rouge dans sa tête ce qu'il y avait auparavant ?

Un hurlement terrible tire Trois-Pattes de ses rêveries. Il provient de la colline derrière laquelle les Khors ont dressé leur campement. C'est un cri d'épouvante.

Trois-Pattes veut savoir ce qui se passe. Péniblement, il gravit la colline. Le vent lui souffle du sable et des feuilles mortes au visage, tire sur sa cape et ses cheveux pour l'empêcher d'arriver au sommet. Sa béquille dérape souvent. Il tombe, redescend la pente sur le ventre jusqu'à ce qu'un obstacle freine sa glissade.

Enfin le garçon atteint le haut de la colline, couvert de sueur, les mains et les genoux écorchés, le visage barbouillé de terre.

La tribu des Khors est rassemblée plus bas, sur l'autre côté de la colline, comme une harde d'aurochs autour d'un point d'eau. Trois-Pattes ne distingue pas ce qui se trouve au milieu des hommes hurlant et gesticulant. Certains courent vers le campement. D'autres arrivent pour voir, en se bousculant. Trois-Pattes aimerait bien lui aussi en savoir davantage, mais il n'ose pas s'approcher.

Schleem arrive à son tour. L'attroupement s'écarte pour le laisser passer. L'espace d'un instant, le garçon aperçoit ce qui se trouve au milieu de la foule, puis le cercle se referme.

Trois-Pattes en a vu assez. Son estomac se retourne. Un jus de baies au miel se répand à ses pieds.

Il a vu un homme, couché sur le dos. Trois sagaies sont plantées dans son corps. C'est Xan, le chef des Khors. Il est mort.

Trois-Pattes doit s'asseoir. Son estomac se retourne encore. Le garçon a déjà vu des animaux morts, mais jamais d'homme mort. Ce n'est pas le spectacle du cadavre qui lui donne mal au cœur. C'est la pensée de Krull passant sur la crête de la colline en compagnie de Xan. Et puis il y a ce dessin de l'homme transpercé dans la grotte. Xan est lui aussi transpercé par trois sagaies. Est-ce Krull l'assassin ?

Un craillement discret, un léger battement d'ailes et la corneille à la tête blanche se perche sur l'épaule du garçon. Kivi surgit du sommet de la colline, s'arrête devant Trois-Pattes. Son souffle est à peine plus rapide que d'habitude.

– De la grotte nous avons entendu un cri. Qu'est-ce qui se passe ?

La gorge nouée, le garçon raconte ce qu'il a vu.

– Par la pisse puante des aurochs ! Ça va mal finir ! s'exclame Kivi en courant se mêler à l'agitation.

« Et les Hommes-Chevaux ne vont pas tarder à arriver. Avec Tl-Tl et Barbe-en-Feu », pense Trois-Pattes.

Le garçon sautille derrière un rocher, d'où il pourra observer sans être vu.

Et voilà justement les premiers membres de la tribu des Trôms, haletants et suants. Ils ne s'arrêtent qu'un instant au sommet de la colline avant de se fondre dans la foule qui bourdonne autour de Xan. Les curieux continuent à affluer, l'excitation à croître.

« Comme un essaim d'abeilles auquel on aurait volé son miel », se dit Trois-Pattes.

Les voix deviennent de plus en plus fortes, s'échauffent. Les Hommes-Aurochs pointent leurs doigts sur les Hommes-Chevaux, qui brandissent à leur tour des poings menaçants. Puis le garçon perçoit la voix terrible de Tl-Tl, qui couvre tous les bruits.

– Sales queues d'Aurochs ! Aucun d'entre nous n'a tué Xan. Et si…

La suite est engloutie dans le hurlement de fureur de la tribu des Khors.

La foule s'est divisée. D'un côté les Hommes-Chevaux, de l'autre les Hommes-Aurochs. Au milieu, le corps sans vie de Xan.

On n'en vient pas encore aux mains. Tl-Tl donne l'ordre à sa tribu de regagner sa grotte. Les Khors portent Xan à leur campement. Les deux tribus échangent des regards hostiles, des insultes, qui se perdent peu à peu dans le lointain.

Le calme. Pour combien de temps encore ?

Lorsque Trois-Pattes arrive à l'abri, les nuages sont noirs. Très loin, encore à peine perceptible, le roulement du tonnerre. Kivi et Bouche-Cousue sont assis près du feu. Trois-Pattes est à bout de forces. La descente a été plus périlleuse que la montée. Sa cape est déchirée, et son corps blessé à plusieurs endroits.

Kivi tend au garçon un morceau de rat grillé.

– Mange, Trois-Pattes. Des temps difficiles nous attendent. Ma tribu se prépare à combattre les Hommes-Aurochs. Les hommes aiguisent leurs armes et peignent leurs corps en jaune, notre couleur de guerre. Ils sont si bêtes ! Maramuum est furieuse. Elle peste et menace. Mais en vain. Tl-Tl ne veut pas l'écouter. Lorsqu'il est furieux, il ne comprend plus ce qu'on lui dit. Il parle d'accusations mensongères, d'offenses mortelles. Il appelle à la vengeance… Quel rhinocéros !

Le mépris se lit sur le visage de la jeune fille. Trois-Pattes repose le morceau de viande sur la pierre brûlante, son estomac refuse toute nourriture. Un combat entre les deux tribus. Ce n'est pas la bonne voie, a dit Krull…

– Où est Krull ? murmure-t-il.

Kivi n'en sait rien. Bouche-Cousue hausse les épaules.

Krull ! A-t-il disparu parce qu'il a tué Xan ? Trois-Pattes repousse cette pensée.

– Krull est le seul à pouvoir empêcher une bataille. Il connaît des voies meilleures que celles du combat. Nous devons le retrouver, dit-il.

Les deux autres acquiescent en silence. Puis Bouche-Cousue parle. Comme Kivi ne comprend pas le langage des mains, Trois-Pattes devient la bouche de Bouche-Cousue.

– Parfois Krull se rend à la Grotte rouge, très loin d'ici. Lorsqu'il veut être seul pour réfléchir. Personne ne connaît cet endroit, sauf lui et moi. Je vais aller voir si je l'y trouve.

– Non ! s'écrie Kivi. Il n'y a pas assez de temps. Dis-moi le chemin. Je suis plus rapide. À chaque instant la tribu des Hommes-Chevaux et celle des Hommes-Aurochs peuvent…

Kivi s'interrompt. On entend déjà le claquement des os et des bouts de bois que l'on entrechoque.

Les coups réguliers du bois sur le bois viennent de la colline derrière laquelle s'abrite le campement des Khors.

Kivi et Bouche-Cousue se précipitent vers le bord de l'abri. Alignés en une longue rangée, les Hommes-Aurochs surgissent en haut de la colline. Les visages et les corps portent les peintures de guerre rouges. Les sagaies et les piques pointent comme les poils d'une grosse chenille rouge. Pas un cri. Seul le cliquetis du bois et des os rythme la marche.

La chenille rouge rampe jusqu'à la mi-pente, puis s'arrête. Les Hommes-Aurochs attendent. Le silence.

Bouche-Cousue tire les deux jeunes vers l'arrière. Kivi chuchote dans un souffle :

– S'il te plaît, Bouche-Cousue ! Dis-moi où se trouve la Grotte rouge. Je cours plus vite que toi. Et Krull m'écoute. Je te promets que je le ramène s'il est dans la grotte.

Bouche-Cousue baisse la tête, puis il fait signe que Krull lui a interdit de dévoiler ce secret.

Kivi trépigne.

– Réfléchis donc un peu ! Si tu y vas et que les Khors te voient, ils te poursuivront. Tu es un homme. À moi, une femme, ils ne feront pas attention. Les femmes ne participent pas au combat. Parle !

Bouche-Cousue se balance d'un pied sur l'autre. Puis cède enfin.

– Le chemin est long et difficile : une falaise, un ravin, un torrent, une montagne à franchir, une vallée, puis une nouvelle ascension. Aucun chemin, rien que des pierres qui roulent sous les pas. Ce sera difficile, même pour Kivi.

À peine Trois-Pattes a-t-il expliqué les derniers signes de Bouche-Cousue que Kivi est déjà en route. Elle se glisse d'un rocher à l'autre pour ne pas être repérée et disparaît. Les hommes les plus attentifs de la tribu des Khors n'auront vu s'envoler qu'une corneille à tête blanche. Kivi est trop rapide pour les yeux des hommes.

– Cours Kivi, cours ! l'encourage Trois-Pattes à mi-voix.

Mais elle ne l'entend déjà plus.

L'horizon est sombre, le roulement du tonnerre se rapproche. Derrière les Montagnes noires fusent des éclairs d'une terrible blancheur.

L'inquiétude gagne les rangs des Hommes-Aurochs. Tous les yeux se fixent sur le sommet de la colline, de l'autre côté du ruisseau. Des claquements de bois se rapprochent. Les Hommes-Chevaux sont en route.

Leurs visages sont couverts d'un jaune sale, leurs bras et leurs jambes sont peints en noir. Le bois clair de leurs sagaies se détache sur le ciel sombre.

Les Hommes-Chevaux descendent la moitié de la colline, puis s'alignent en une longue rangée. Les deux tribus sont éloignées d'un peu plus de la longueur d'un jet de sagaie et séparées par le ruisseau.

Le tonnerre roule et gronde.

– Vite, Kivi ! chuchote Trois-Pattes.

CHAPITRE 16

Trois-Pattes a peur. Il devine que le combat entre les deux tribus le perdra, lui aussi. La guerre* n'est pas un événement auquel on assiste impunément. On ne peut lui dire : « Je ne veux pas m'en mêler, laisse-moi tranquille. » Aveuglée par la vue du sang et de la mort, la guerre n'écoute que sa propre fureur.

Krull lui a appris que la guerre transforme les hommes, qu'elle les pousse à des actes inconcevables. Même les hommes bons deviennent mauvais. La guerre tue femmes, enfants, vieillards et rend beaucoup d'hommes infirmes, comme Trois-Pattes. Elle dévaste, pille, incendie. Elle hait la vie.

Krull dit que jamais la guerre ne doit éclater entre la tribu des Trôms et celle des Khors, car aucune n'y survivrait. Il y aurait trop de morts parmi les chasseurs pour que les vainqueurs puissent traverser le temps du grand froid blanc.

Trois-Pattes est caché sous le haut toit de rocher, derrière une grosse pierre. De cet observatoire, il contemple les deux tribus sur le point de s'affronter.

Pourvu que Krull arrive ! Si quelqu'un peut éviter le pire, c'est lui.

– Dépêche-toi, Kivi ! ne cesse-t-il de murmurer.

Les cris de colère précèdent les coups de sagaie.

– Assassins ! Langues de serpents !

Seul le tonnerre parvient à couvrir les insultes.

– Bosses de rhinocéros purulentes ! Queues d'aurochs merdeuses ! Ventres de grenouilles ballonnées !

Les cris attisent la fureur. La peur s'évanouit peu à peu.

– Entrailles de porc pourries ! Pisses de rat ! Têtes de poissons puants !

Les voix des peints-en-rouge deviennent rauques, celles des peints-en-jaune, éraillées.

– Venez donc, bouffeurs de merde ! On va vous écraser comme des mouches !

– Bande de loups pouilleux ! Punaises !

Un jaune soulève sa cape et exhibe ses fesses nues. Trois autres imitent des bruits de pets. Cris de rage chez les rouges, hurlements de rire chez les jaunes.

– Pets de mammouths ! Vomissures d'ours ! Sangsues ! Crottins de bouquetin !

Un rouge quitte les rangs et court à la rivière. À portée des sagaies de l'ennemi, il saute et danse pour bien montrer qu'il n'a rien à craindre. Puis il urine dans le ruisseau.

–Ça, c'est pour vous, buveurs de pisse !

Une sagaie siffle à travers les airs et se plante non loin de l'homme.

–Avancez-vous, crapauds boueux, sinon vous allez toujours me rater !

Une autre sagaie vise l'homme. Il l'évite de justesse et déclenche ainsi le rire moqueur des rouges. Quelques combattants, sagaie levée à bout de bras, se détachent de l'armée des jaunes. L'homme fait demi-tour et remonte la colline en courant. Des sagaies pleuvent. L'une d'elles se fiche dans sa jambe. L'homme pousse un gémissement et tombe. Des rires mauvais s'élèvent chez les jaunes, des cris de fureur chez les rouges. Quelques rouges viennent secourir le blessé, le mettent à l'abri derrière leurs rangs. D'autres couvrent leur retraite, armes brandies, menaçantes.

La guerre a avancé d'un grand pas. On ne projette plus seulement des mots, mais aussi des sagaies, et certaines atteignent leur but.

Trop tard, se dit Trois-Pattes, le sang a coulé. Maintenant le grand carnage va commencer. Plus rien ne peut retenir les tribus en furie de se jeter l'une sur l'autre.

Soudain le silence se fait. Les sagaies ne volent plus. Les rangs se reforment.

Maramuum, la Grande Femme s'approche, assise sur les fourrures rousses. Sa tête d'oiseau dodeline doucement. Un éclair tombe tout près, dans un roulement de tonnerre.

Les femmes posent le siège en bois près du ruisseau. Les hommes sont sur les coteaux, au-dessus de Maramuum, les rouges d'un côté, les jaunes de l'autre.

La Grande Femme enlève son masque d'oiseau. Son visage est rougi et luisant de sueur. Elle regarde sévèrement un camp, puis l'autre. Elle s'adresse aux combattants d'une voix forte.

– Tribu des Trôms ! Tribu des Khors ! Il n'y a pas si longtemps, j'ai déjà été portée jusqu'ici pour fêter la fête de la Grande Femme dans la Caverne aux peintures. Pourquoi me suis-je donné tout ce mal ? Pourquoi ai-je péniblement marché jusqu'au fond de la caverne ? Pourquoi ai-je chanté le chant de la naissance ? Pourquoi les femmes ont-elles posé les figurines de pierre sur mon corps ?

Maramuum regarde Tl-Tl.

– Pourquoi, Tl-Tl ? Pourquoi donc ?

Le chef de la tribu des Hommes-Chevaux s'appuie sur sa sagaie et fixe le sol sans un mot.

La Grande Femme tourne la tête vers la tribu des Khors.

– Ô Grand Chaman Schleem ! Peux-tu me dire pourquoi ?

Schleem se balance d'un pied sur l'autre en contemplant les nuages noirs au-dessus de lui. Il se tait, lui aussi.

– Pourquoi êtes-vous subitement si silencieux ? Tout à l'heure, j'entendais vos affreux coassements de corbeau du fond de ma grotte. Et maintenant ce silence ? Vous n'avez pas de réponses à mes questions. Vous savez parfaitement que nous fêtons la fête de la Grande Femme pour que nos tribus aient beaucoup d'enfants. Pour que nos femmes accouchent d'enfants en bonne santé et qu'elles aient assez de lait pour les nourrir. Et tu crois, toi, Tl-Tl, et toi, Schleem, et vous tous, que nous, les femmes, nous supportons les douleurs de l'enfantement, pour que vous…

Maramuum inspire profondément et s'essuie le front. Tl-Tl lui lance du haut de son coteau :

– Grande Femme…

– Ferme ton bec, Chef des Hommes-Chevaux ! glapit Maramuum, folle de rage. Je n'ai pas encore fini. Croyez-vous donc que nous donnons la vie à des enfants pour qu'ils se fracassent le crâne une fois devenus grands ? Vous le croyez vraiment, œufs de canes putrides ?

Épuisée, Maramuum se tait. Les hommes aussi. Rien que le roulement du tonnerre. Puis la voix de Tl-Tl couvre celle des éléments.

– Grande Femme, nous t'honorons. Nous suivons tes conseils. Nous estimons tes connaissances de guérisseuse. Mais le combat reste l'affaire des hommes. Va-t'en d'ici ! Une sagaie pourrait te blesser.

Maramuum ne bouge pas. La guerre est paralysée.

Trois-Pattes pousse un soupir de soulagement. On gagne du temps. Les combattants ne voudront pas patienter longtemps, mais cela donne un peu plus de temps à Krull.

– Cours, petite Kivi, cours !

Maramuum ne bouge pas. Un grondement sourd se propage chez les hommes, s'amplifie. Des menaces fusent. Mais la Grande Femme reste dignement sur ses fourrures rousses.

Une sagaie siffle tout près d'elle et se fiche dans le sol en vibrant. Une deuxième. Puis une troisième. Maramuum ne bronche toujours pas.

Les hommes se regardent, déconcertés. Ils ne peuvent pas combattre avec la Grande Femme entre eux. La porter plus loin ? Il faudrait pouvoir prendre cette décision dans le calme de la concertation. Impossible à présent.

– Maramuum ! crie un homme. Pourquoi parles-tu de naissance et d'enfant en bonne santé, alors que toi-même tu as mis au monde un enfant mort-né !

C'est plus douloureux qu'un coup de sagaie. La Grande Femme tourne la tête. Des larmes lui montent aux yeux. Quelques jaunes scandent de plus en plus fort :

– La Grande Femme a eu un mort-né ! La Grande Femme a eu un mort-né !…

Les deux tribus se joignent à eux.

– La Grande Femme a eu un mort-né ! La Grande Femme a eu un mort-né !...

Ce n'est que lorsque les femmes ont déposé le siège en bois sous l'abri-sous-roche que les hurlement cessent.

Maramuum a perdu la partie.

Trois-Pattes n'espère plus l'arrivée de Krull. Les lourds sabots de la guerre ont gagné de vitesse les pieds agiles de Kivi. Le garçon frappe du poing la pierre qui le cache. Que ce monde de stupides rhinocéros perde donc l'équilibre !

– Viens, guerre, viens ! murmure amèrement Trois-Pattes.

Soudain il entend un bruit bizarre. Les combattants dressent l'oreille, eux aussi. D'où vient ce bruit ? On dirait le vent qui siffle à travers une faille du rocher. Un sifflement étrange, presque un chuchotement.

– Krull, murmure Maramuum, il n'y a que Krull qui puisse faire ce bruit.

La Grande Femme sourit à travers ses larmes.

– Oui, c'est lui, dit Kivi en riant.

– D'où viens-tu ? demande Trois-Pattes.

– Parle moins fort ! J'ai trouvé la Grotte rouge. Ramener Krull a été long, il devient vieux. Et maintenant il fait chanter un morceau de bois* à la forme étrange en le faisant tournoyer au-dessus de sa tête.

Le bourdonnement se tait.

– Bandes de rhinocéros peinturlurés en rouge et en jaune !

La voix profonde de Krull tombe distinctement du toit de rocher. Les hommes lèvent les yeux, bouche bée.

– Je vous ai laissés seuls à peine un jour, et voilà que vous revenez déjà à vos stupidités de rhinocéros. Vous voulez donc faire la guerre, vous battre, vous enfoncer mutuellement les sagaies dans le ventre ? Ça suffit ! D'abord, il faut discuter, calmement. C'est ainsi que le veut la coutume. Après, vous pourrez faire ce que bon vous semble. Vous fracasserez vos stupides têtes de rhinocéros ! Vous vous égorgerez ! Mais d'abord on parlemente. C'est ainsi.

Le chaman poursuit :

– Tl-Tl, chef de la tribu des Trôms, choisis trois de tes hommes et viens sous l'abri. Sans armes.

Tl-Tl hésite. Puis il obéit, les yeux baissés. La voix de Krull demande :

– Tribu des rhinocéros rouges ! Quel est votre nouveau chef depuis que Xan n'est plus ?

Un mouvement est perceptible dans la tribu des Hommes-Aurochs, des échanges de regards déconcertés, des chuchotements, des doigts tendus.

– Ah, Schleem ! Le célèbre chaman ! Viens donc aussi avec trois hommes. Sans armes. J'attends !

Le grondement du tonnerre roule dans la vallée, et un éclair déchire le ciel, qui s'ouvre en déversant des trombes d'eau.

CHAPITRE 17

Une foule se presse sous le toit de rocher. Tl-Tl et ses chasseurs sont assis d'un côté du feu, Schleem et les siens de l'autre. Les autres hommes font cercle autour d'eux. La pluie a collé les mèches de cheveux sur leur visage et délavé les peintures de guerre. Le sang coule de certaines blessures.

Les Hommes-Chevaux et les Hommes-Aurochs restent à distance respectueuse les uns des autres, en se lançant des regards mauvais. Mais toutes les armes sont restées à l'extérieur. Krull le veut ainsi.

Trois-Pattes se tient tout au fond, tout près de l'entrée de la grotte.

Krull marche de long en large, frotte son crâne chauve. Il réfléchit. Sa cape murmure. Dehors, la pluie fait rage.

– Xan, le chef de la tribu des Khors, est mort, dit Krull en arrêtant ses va-et-vient. Il a été un bon guide pour les Hommes-Aurochs. Il a entretenu la paix avec la tribu des Hommes-Chevaux. Elle porte aussi son deuil. Trois sagaies sont plantées dans le corps de Xan. Un, deux, ou trois hommes l'ont donc tué. Nous ne savons pas qui a porté les coups. Nous devons trouver et punir les assassins. Ce n'est pas un motif de guerre, car la guerre va tuer beaucoup d'innocents et détruire les deux tribus. Mais peut-être que le coupable, lui, sera justement parmi les rares survivants. Il se moquera alors de tous ces hommes morts inutilement pour lui. Est-ce ça que nous voulons ?

Les hommes secouent la tête. Un membre de la tribu des Khors lance :

– Ce ne peut être qu'un Trôm, aucun d'entre nous n'aurait intérêt à voir son chef mourir.

Des hochements de tête d'un côté, des grognements de l'autre lui répondent. La cicatrice sur le visage de Tl-Tl tressaille nerveusement. Le chef des Trôms a envie de bondir, de hurler sa rage. Krull l'arrête et d'un geste réclame le silence, avant de reprendre.

– Ne laissons pas nos voix sortir de nos ventres. Les voix du ventre sont comme des pets. Pensez avec votre tête, et ne laissez échapper de votre bouche que des pensées mûrement réfléchies. Oui, c'est vrai : un membre de la tribu des Hommes-Chevaux a pu tuer Xan. Mais un membre de la tribu des Khors a tout aussi bien pu le faire. Xan avait une langue acérée, et a pu en blesser plus d'un. L'un d'entre eux n'a peut-être pas oublié la blessure et a gardé la haine en lui. Et au moment où il était seul avec Xan, il a frappé. Xan a été tué cette nuit. Tribu des Trôms ! Tribu des Khors ! Réfléchissez ! Qui a quitté cette nuit votre grotte, votre campement ? Quelqu'un est-il rentré particulièrement tard ?

Murmures, haussements d'épaules, regards interrogateurs... Schleem se lève et dit :

– Krull, hier nous étions ici, chez toi, Xan, quelques chasseurs et moi-même. Tu te souviens ? Nous recherchions un sans-cou. Lorsque nous sommes repartis, Xan est resté avec toi. Vous étiez autour du feu, à vous disputer. Que s'est-il passé après ?

Le silence se fait. Tous entendent l'accusation fielleuse. Tous attendent la réponse de Krull. Le chaman est appuyé contre la paroi et Trois-Pattes remarque que ses mains se sont mises à trembler légèrement. Il acquiesce. Sa voix semble fatiguée.

– Oui, j'étais seul avec lui. Oui, nous nous sommes disputés. À quel sujet ? Ça ne vous regarde pas. Au crépuscule nous sommes montés ensemble au sommet de la colline. Puis nous nous sommes séparés. Je suis allé à la Grotte rouge, et Xan est retourné vers le campement des Khors. Il n'y est jamais arrivé...

Silence, encore. Seule la pluie crépite devant l'abri. Tous fixent Krull. Le tremblement de ses mains s'est accentué. De la salive noire coule au coin de ses lèvres.

Schleem se prépare à porter de sa voix mielleuse le coup qui doit achever Krull.

– J'ai examiné le corps de Xan. Il portait les traces d'un combat. L'un de ses poings était serré. Voilà ce que j'y ai trouvé.

Schleem montre une rondelle en os sur laquelle est gravée un bison.

Trois-Pattes sursaute. C'est la rondelle que Krull a donnée à Bec-d'Oiseau et qui lui a été rendue après sa mort. Et voilà que Schleem la trouve dans la main de Xan.

Schleem balance négligemment la rondelle au bout de la lanière en cuir, de manière à ce que tous puissent la voir. Il tire bien loin sa langue. Personne n'y voit de mensonge. Tous fixent la rondelle.

Krull tente de sourire, mais il ne réussit qu'à déformer ses lèvres noires en un rictus. Il parle avec beaucoup d'efforts et sa voix est difficilement audible.

– Et alors ? La rondelle au bison était là. Beaucoup sont passés sous l'abri et ont pu la prendre, puis la mettre dans la main de Xan après sa mort. N'importe qui, pas seulement moi…

Le silence. Tous les hommes ont les yeux rivés sur Krull. Il a fermé les yeux. Son visage et son corps se sont raidis, ses mains tremblent. Tl-Tl se lève lentement. Il parle de sa voix tonitruante mais sans aucune trace de colère.

– Krull ? Krull aurait tué Xan ? Jamais. Je connais Krull depuis longtemps, il ne le pourrait pas. Il ne cesse de nous répéter que la chasse à l'homme est interdite. Et vous voulez qu'il ait... Non, pas Krull. Quelqu'un d'autre a pris la rondelle et a tué Xan.

Tl-Tl se rassied. La tribu des Hommes-Chevaux l'approuve chaudement. La perplexité gagne la tribu des Khors. Soudain un cri fuse :

– Trois-Pattes ! Il est toujours là, c'est lui qui en a le plus facilement l'occasion !

Tous les yeux se fixent sur Trois-Pattes. Hochements de tête, chuchotements. Barbe-en-Feu ricane en découvrant ses gencives édentées.

Oui, Trois-Pattes. Il fait l'affaire. Il n'est rien. Personne ne sait d'où il vient. Il ne fait partie d'aucune tribu. Le coupable ne peut être que lui. C'est Trois-Pattes qui a tué Xan !

Trois-Pattes cherche le regard de Krull, mais le chaman est affalé sur le sol. La salive noire coule de sa bouche et forme une flaque. Non, il ne peut pas aider le garçon. Personne ne veut l'aider. Si. Maramuum prend la parole.

– Cessez donc votre caquetage de volatiles stupides ! Vous avez besoin d'un coupable, et vous choisissez celui qui ne peut pas se défendre. Ridicule. Ce garçon arrive à peine à monter la colline avec ses trois pattes. Et il aurait tué un chasseur expérimenté et fort comme Xan ? Il ne peut pas lancer de sagaie sans perdre l'équilibre. Si vous rejetez la faute sur Trois-Pattes, le vrai meurtrier restera parmi nous. Pensez-y.

Barbe-en-Feu rompt vite le silence en criant :

– Ce matin, j'ai observé Trois-Pattes en cachette. Il a un bâton magique que de mauvais esprits ont dû lui donner. Avec ce bâton, il fait voler les sagaies très loin, sans effort. Bien plus loin que nous les hommes qui avons deux jambes bien plantées dans le sol. Je l'ai vu ! Pour tuer Xan, Trois-Pattes n'avait pas besoin de grimper sur la colline. Il a visé d'ici avec son bâton magique et les mauvais esprits ont enfoncé les sagaies dans le corps de Xan. Voilà comment ça s'est passé.

Barbe-en-Feu brandit le propulseur de Trois-Pattes. Tous peuvent voir le bâton taillé, avec son bec d'oiseau proéminent et sa poignée en forme de bouquetin. Voilà une preuve claire : de la magie, des mauvais esprits. Trois-Pattes est donc le meurtrier de Xan.

Trois-Pattes sait que maintenant plus rien ne peut retenir la colère des hommes. Seules ses trois pattes peuvent encore lui venir en aide. Vite, la grotte.

Une main le retient. Bouche-Cousue. Il lui accroche un sac sur l'épaule et lui met une lampe à graisse dans la main. Puis il fait le signe de l'eau. Trois-Pattes se précipite dans la grotte.

Derrière lui, le monde perd son équilibre.

CHAPITRE 18

– Trois-Pattes a tué Xan ! Arrêtez-le ! À mort, l'éclopé !

Les cris de rage s'estompent vite. Trois-Pattes s'est enfoncé dans la galerie principale. Il connaît chaque pierre, chaque recoin. Il sait comment éviter les obstacles, où poser sa béquille. Il doit pouvoir prendre de l'avance, avant que Tl-Tl n'ait pu préparer la poursuite : choisir quelques hommes pour l'accompagner, rassembler les armes et les torches.

Les poursuivants progresseront lentement, ils devront examiner chaque niche, éclairer chaque renfoncement du rocher, au cas où Trois-Pattes s'y cacherait. Cette pensée redonne de l'espoir au garçon.

Il espère gagner assez de temps pour trouver une cachette sûre. Et aussi qu'ils ne le chercheront pas trop longtemps, que sa lampe lui permettra encore de regagner la sortie. Peut-être qu'alors les Trôms et les Khors ne seront plus sous le grand toit de roche à l'attendre.

Trop d'espoirs qui s'appuient les uns sur les autres comme Trois-Pattes sur sa béquille. Et après ?

Personne ne voudra protéger le meurtrier de Xan. Partir loin d'ici ? Vivre seul ? Quelle chance a-t-il de survivre longtemps avec ses trois pattes ?

Mais Trois-Pattes ne veut pas encore mourir.

À bout de souffle, il s'arrête dans la grande salle. Où aller maintenant ? Dans la grotte où Krull a peint le bison ? Peut-être les chasseurs connaissent-ils mieux cette partie de la caverne que lui. Non, ce n'est pas une bonne idée.

Noo, le gouffre interdit ? Trois-Pattes n'a pas le cran de s'y cacher. Il craint bien trop la colère de Noo.

La salle aux Ours, dans laquelle se trouve le lac souterrain… Krull a dit que Bouche-Cousue et lui-même étaient les seuls à connaître cet endroit. Et Bouche-Cousue a fait le signe de l'eau avant que Trois-Pattes ne s'engage dans la caverne. Oui, c'est peut-être ça, le bon choix.

Trois-Pattes traverse la grande salle, longe la paroi aux Mains, Noo, et s'engage dans la galerie étroite et basse qui mène à la salle aux Ours.

Il n'a plus besoin de sa béquille. Il rampe comme un hanneton vers l'intérieur de la montagne, en s'écorchant sur les pierres pointues. Sans ressentir la douleur. Vite, toujours plus vite.

Arrivé devant l'entrée de sa petite grotte, il reprend son souffle. Son cœur bat à tout rompre, la sueur coule à grosses gouttes de son front. Des voix et des pas résonnent. Trois-Pattes ne saurait dire à quelle distance. Ici, dans la grotte, les bruits portent loin. Ils se glissent à travers une fissure, rebondissent sur la voûte et se mêlent à de nouveaux bruits. Trois-Pattes a l'impression que ses poursuivants ont atteint la salle des Rites, mais peut-être se sont-ils déjà engagés dans la galerie…

Vite ! Plus vite ! Il avance en trébuchant. Son ombre le suit, énorme, projetée sur le plafond de la galerie. Ses forces commencent à le trahir, son cœur martèle, ses poumons manquent d'air. Surtout ne pas flancher maintenant ! Ne pas ralentir !

La galerie lui semble sans fin. Elle n'était pas si longue, la première fois. Est-ce la bonne route ? Et s'il avait raté un croisement ? S'il s'était engagé dans une galerie sans issue ?

« Bah, qu'est-ce que ça peut faire ? Les chasseurs finiront bien par me rattraper », pense Trois-Pattes.

« Repose-toi », soupire son corps. « Plus vite » crie sa peur. « Tu ne peux être très loin maintenant », chuchote l'espoir.

Trois-Pattes écoute la voix de l'espoir. Encore quelques pas, encore un coude de la galerie, et… enfin ! la salle aux Ours ! Il se laisse tomber contre le bloc de pierre sur lequel repose le crâne d'ours. Ses bras et ses jambes tremblent d'épuisement. Puis les muscles commencent à se détendre, les battements du cœur à s'espacer. Trois-Pattes ferme les yeux et se laisse bercer par le clapotis de l'eau.

Le garçon a dû s'endormir car la lampe est en train de s'éteindre. En fouillant dans le sac que lui a donné Bouche-Cousue, il trouve de la graisse, des mèches, une pierre à feu ! Bouche-Cousue a pensé à tout.

Les bruits de pas et les cris sont trop loin pour représenter un danger. Il remplit sa lampe de graisse et y plante une nouvelle mèche.

Les bruits se rapprochent. Trois-Pattes ne s'inquiète pas car seuls Krull et Bouche-Cousue connaissent l'existence de cette grotte. Faux ! archifaux ! entend-il dans sa tête. S'il a trouvé la grotte tout seul, pourquoi pas les chasseurs ? Mais quel rhinocéros il fait !

Vite ! Il faut repartir. Trois-Pattes éclaire les recoins de la salle, l'entrée d'étroites galeries. Mais elles ne mènent pas loin. Il est dans un piège. Le bruit que font les poursuivants se rapproche.

L'eau ! Bouche-Cousue a fait le signe de l'eau. Le lac. De l'autre côté s'élève la paroi dure et infranchissable des pierres qui poussent. Y aurait-il une cachette là-bas ? Trois-Pattes a peur de l'eau noire. Il ne sait pas si elle est profonde, s'il peut marcher avec ses trois pattes sur le fond du lac.

Le bruit devient menaçant. Trois-Pattes met un pied dans l'eau. Aïe ! les épines du froid le transpercent. Surtout ne pas crier maintenant.

Debout dans l'eau jusqu'aux genoux, il sonde le fond avec sa béquille. Ne pas chuter. Si la lampe s'éteint, c'est la fin.

Plus vite ! Le corps de Trois-Pattes ne supportera pas longtemps ce froid. Tout près de la cascade pétrifiée, l'eau lui arrive jusqu'au ventre, puis jusqu'à la poitrine. Il lève la lampe et le sac au-dessus de sa tête.

Les pierres qui poussent brillent d'un éclat rougeâtre et lui barrent la route. Désespéré, il piétine le long de l'obstacle. Une faible lueur arrive déjà de la galerie. Et un vacarme effroyable remplit la salle aux Ours.

Là, une faille dans le rocher, invisible de face. Trois-Pattes parvient à s'y glisser mais il reste coincé car elle ne mène pas loin. Il ne voit toujours aucune ouverture. Si, là, entre le rocher et la surface de l'eau, un espace de la largeur de deux mains. Il y plonge le bras et rencontre… le vide. Il passe alors la lampe et le sac par le trou, puis son corps. Pour pouvoir passer sous le rocher, il doit s'enfoncer, s'enfoncer…

Soudain, son pied et sa béquille dérapent, sa tête disparaît sous l'eau. Trois-Pattes agite furieusement les jambes en essayant de se raccrocher à quelque chose, avant que son pied ne retrouve le contact avec le sol.

Tout ce temps, il a gardé le bras bien tendu au-dessus de sa tête. La lampe brûle encore. Encore quelques pas, et il est sur le rocher sec.

La voix tonitruante de Tl-Tl parvient à Trois-Pattes, qui reconnaît aussi celles de Barbe-en-Feu et de Schleem. De sa cachette, le garçon entrevoit les reflets de leurs torches sur l'eau. Vite, il éteint sa lampe.

Trois-Pattes enfonce son poing dans sa bouche pour que le claquement de ses dents ne le trahisse pas. Il préfère mourir de froid, plutôt que d'être découvert.

CHAPITRE 19

Les chasseurs ne retrouvent pas Trois-Pattes. Les reflets sur l'eau disparaissent. Les bruits de voix et de pas s'éloignent. Trois-Pattes retire le poing de sa bouche. Les dents se remettent à claquer.

Trois-Pattes souffle sur la mèche rougeoyante de la lampe à graisse et la flamme s'élève. Devant lui, il ne voit que l'eau et les pierres qui poussent. Ailleurs, l'obscurité reste dense. Les murs et la voûte sont trop loin pour refléter la lumière.

Le garçon se lève, fait quelques pas. Il ne sent plus son corps, tant ses jambes et ses bras sont engourdis par le froid. Il avance jusqu'à ce que sa lampe éclaire une paroi, qu'il longe. Puis il s'arrête brusquement. Il vient d'apercevoir quelque chose devant lui qui n'est pas une pierre.

Il y a là un sac, avec de la couleur, des pinceaux, des torches, des lampes à graisse, une fourrure, un fagot de bois sec. Incroyable ! Trois-Pattes est dans la nouvelle salle des Rites ! Krull et Bouche-Cousue ont déjà tout préparé pour peindre. Mais les parois sont encore complètement vides.

Bientôt le bois sec craque, des étincelles s'élèvent. Des flammes. Trois-Pattes s'est enveloppé dans la grande fourrure pendant que ses vêtements sèchent sur une pierre. Sa peau picote, mais qu'il savoure d'être encore en vie ! La chaleur qui regagne lentement son corps le rend somnolent.

Il contemple au travers des flammes la grande paroi en face de lui. La roche est lisse, jaunâtre, sans fissures. Elle déploie ses rondeurs dans un doux mouvement de vallées, collines, plaines... Une contrée belle et paisible.

Trois-Pattes voit passer en trombe un rhinocéros sur le sommet rouge et poussiéreux d'une colline. Cet animal-là ne ressemble pas à ceux qu'il cherche sur les murs de sa grotte. Le garçon l'a déjà rencontré quelque part. La poussière rouge s'élève sous ses sabots. De plus en plus. Les nuages rouges et denses menacent de le faire disparaître.

Trois-Pattes a une bouffée de chaleur. Il est sûr d'avoir aperçu un morceau de son passé. Il laisse tomber la fourrure et se précipite vers les sachets de couleur pour se mettre au travail. Le noir doit être intense pour transparaître derrière le rouge.

Trois-Pattes trace des traits épais, énergiques. Le rhinocéros ressurgit. Vite, encore du noir ! Le garçon en enduit toute la bête. Puis, avec un silex pointu, il gratte la pierre jaune sale tout autour. Le rhinocéros noir se détache maintenant sur la roche blanche, lumineuse. Plus question qu'il s'échappe.

Trois-Pattes aperçoit un deuxième rhinocéros derrière le premier, puis un autre encore. Toute une harde de rhinocéros se bouscule à travers la poussière rouge. Rien ne peut plus les arrêter. Et Trois-Pattes continue à peindre et à racler. Il veut sauver de l'oubli tout ce qu'il voit.

Machinalement, il jette du bois sur le feu, remplit de graisse les lampes, prépare davantage de couleur noire. Puis il retourne vite vers les animaux qui se cachent derrière le voile rouge.

Sur les traces des rhinocéros court un bison. Il secoue sa crinière noire et ses cornes pointues en meuglant rageusement. D'autres suivent. Trois-

Pattes claque la couleur sur la paroi, puis l'étale à la main pour donner davantage de relief aux corps.

Il travaille vite. Mais de plus en plus d'animaux surgissent de la poussière et demandent à être peints.

Il entend les animaux haleter et hurler, les sabots piétiner et frapper la terre. C'est la peur qui les pousse. Le danger n'est plus très loin, caché par la fumée et la poussière rouge. Le feu ! Les flammes gagnent du terrain, attisées par les bourrasques de vent. La chaleur, la fumée rendent les bêtes ivres de peur. Elles se bousculent, se piétinent sans plus voir ce qui les entoure. Partir ! Échapper aux flammes !

Les mammouths font trembler le sol sous leur poids et barrissent épouvantablement. Des ours déboulent derrière eux, puis des lions.

Dans la panique, les animaux foncent droit devant eux. La vallée est étroite et bordée de falaises infranchissables. Quelques bêtes tentent de s'échapper dans une autre direction. Mais celui qui résiste au mouvement général est bousculé, piétiné.

Le pinceau de Trois-Pattes court sur le rocher, et saisit la course affolée des rhinocéros, l'effroi des ours, et les sauts souples des lions en fuite.

Puis le garçon recule pour contempler ce que la poussière rouge lui avait caché jusqu'alors.

Devant les animaux, il aperçoit une petite tribu. Le long des falaises, elle cherche une issue pour échapper à la meute déchaînée. Car le nuage rouge et le piétinement se rapprochent.

Ce sont les hommes de la tribu de Trois-Pattes. Le garçon entend leurs cris, lit l'angoisse dans leurs yeux. Il voit sa mère, ses frères, ses sœurs. Il reconnaît les hommes, les femmes, leur chef. Il se souvient de leur nom, de leur rôle dans la tribu. Ils lui sont tous très familiers. Puis Trois-Pattes se voit lui-même, qui court devant tous les autres. Derrière lui, les fugitifs à bout de souffle sont talonnés par le nuage rouge qui feule, barrit, rugit, glapit…

À une hauteur d'homme au-dessus de lui, Trois-Pattes remarque un passage dans la falaise. Il s'y hisse déjà, quand soudain quelqu'un le fait retomber dans la poussière. C'est le chaman de sa tribu, que la peur rend fou. Trois-Pattes se relève d'un bond, mais au-dessus, des pierres se détachent, roulent sur lui.

Il a juste le temps d'apercevoir des sabots, avant d'être projeté contre le rocher. Les os craquent. Une douleur aiguë lui traverse la jambe. La nuit se fait dans sa tête.

Lorsque Trois-Pattes se réveille, les animaux ont disparu. Il entend encore leur piétinement gronder dans le lointain. Le sol fume d'une poussière âcre. Les hommes de sa tribu sont écrasés, morcelés. Des animaux gisent parmi eux. Et le pied de Trois-Pattes n'est plus un pied.

Un vent brûlant souffle. Trois-Pattes aperçoit les premières flammes. Elles rampent comme des langues de serpents sur le sol, à la recherche de nourriture. Elles avalent des touffes d'herbes sèches, continuent leur chemin en léchant les pierres.

Trois-Pattes n'a pas peur du feu. Il a envie de mourir comme les autres. Le feu n'a qu'à le dévorer ! Mais son corps est d'un autre avis, il veut vivre. Vivre ! Ses mains s'agrippent au sol, le tirent vers l'avant, la jambe valide pousse. Il rampe ainsi sur les éboulis, à travers la poussière, pousse des animaux et des hommes morts pour arriver jusqu'au fleuve. Son corps roule sur le sable humide jusqu'à l'eau peu profonde. La nuit se fait de nouveau dans sa tête.

Trois-Pattes se tient toujours devant ses peintures. Le pinceau a séché, le feu s'éteint. Subitement, il entend des voix résonner derrière les pierres qui poussent. Et le clapotis de l'eau. Il sait que ses poursuivants sont revenus dans la salle aux Ours et qu'ils ont aperçu la lueur de son feu. Trop tard pour fuir.

Trois-Pattes ne bouge pas. Sa tête est en paix. Il connaît maintenant les images de son passé et sait d'où il vient. Il regarde calmement l'eau noire et attend qu'émergent les hommes qui vont le tuer.

CHAPITRE 20

Une main tenant une torche surgit entre la surface de l'eau et les pierres qui tombent. La main et la torche s'avancent, puis la tête de Tl-Tl apparaît. L'eau coule sur son visage et ses dents claquent doucement. Il s'ébroue.

D'autres mains avec des torches suivent. Schleem, Barbe-en-Feu et quelques autres hommes de la tribu des Trôms et de celle des Khors sortent la tête de l'eau et inspirent l'air avec avidité. Le crâne chauve de Krull est le dernier à remonter à la surface.

Les hommes fixent des yeux ronds sur Trois-Pattes, dont le corps nu, barbouillé de couleur, se détache sur le rocher couvert de peintures. Ils restent longtemps ainsi, immobiles. Trois-Pattes ne comprend pas. Pourquoi ne le percent-ils pas de leurs sagaies ?

Krull sort de l'eau et s'avance vers les images. Il longe lentement la paroi, s'arrête souvent, recule d'un pas. Ses yeux se plissent, sa tête penche sur le côté. Il fait enfin un signe de tête approbateur.

– La nouvelle salle des Rites... dit-il en balayant la grotte d'un geste ample de la main. Elle est prête pour la fête de la Chasse collective... Trois-Pattes a fait les peintures, ce sont de bonnes peintures... Trois-Pattes... peut-être le chaman des Hommes-Chevaux et des Hommes-Aurochs, un jour... quand Krull ne sera plus...

Krull a parlé à voix basse, mais l'écho amplifie ses paroles. Les autres sont sortis de l'eau. Ils jettent un coup d'œil furtif au garçon, puis se replongent dans la contemplation des animaux. Krull rompt le silence

– Trois-Pattes, comment…

Mais Schleem lui coupe brutalement la parole.

– La salle est parfaite pour la fête de la Chasse collective, les peintures ont de la force. Mais nous sommes ici pour tuer l'assassin de Xan. Vous l'avez devant vous. Qu'attendez-vous encore ?

Schleem fait un pas vers Trois-Pattes en brandissant sa sagaie. Un murmure s'élève, couvert par la voix pleine de fureur de Krull :

– Schleem ! Tu es bien pressé quand il s'agit de tuer. Trop. Nous voulons entendre l'histoire de

Trois-Pattes. Qu'il nous raconte ce qui lui a inspiré ces peintures. Puis nous verrons ce qu'il convient de faire de lui. C'est ainsi.

Les chasseurs acquiescent en se rapprochant du feu. Schleem fixe sombrement le sol, immobile.

Trois-Pattes se souvient de tout. Il parle de sa tribu, de la chasse au renne*. Le chaman avait conseillé d'allumer un feu pour rabattre les animaux vers un précipice. Promis des proies nombreuses et faciles. Mais le vent s'est levé et a soufflé le feu plus loin que prévu. Les flammes ont ainsi chassé devant elles, non pas les rennes, mais des rhinocéros, des bisons, des mammouths, des lions et des ours.

Trois-Pattes montre les animaux traqués par l'incendie. Les hommes hochent la tête en signe de compréhension.

– La ruée sauvage de la grande peur. Je l'ai vue une fois… murmure Krull.

Le garçon raconte comment les animaux ont soudain surgi derrière les hommes de sa tribu et les ont acculés dans une étroite vallée. La gorge nouée, il fait le récit de la mort des siens.

Il se tait un instant, puis reprend d'une voix forte :

– Le chaman qui nous a donné ce mauvais conseil, celui qui m'a bousculé pour se protéger, ce chaman est ici ! C'est Schleem.

L'index furieux et accusateur de Trois-Pattes est pointé sur le chaman. Toutes les têtes se tournent dans sa direction. Schleem recule de quelques pas.

– Mensonge ! clame-t-il. Je ne connais même pas cette tribu. Je n'ai jamais vu Trois-Pattes auparavant. Il ment !

Schleem tire une longue langue.

– Et même si c'était vrai ! crie-t-il, quelle importance ? Nous sommes ici pour tuer Trois-Pattes, car il est le meurtrier de Xan.

Schleem pousse Trois-Pattes contre le rocher, lui presse la pointe de sa sagaie contre la gorge. Il a été trop rapide, personne n'a pu empêcher le geste.

– Venez ! Qu'on en finisse avec ce sale petit avorton !

Mais Schleem n'enfonce pas son arme. Il se contente d'encourager les autres du regard. Une colère sans bornes saisit Trois-Pattes. Il est furieux contre cet homme qui ose l'injurier ainsi, alors qu'il est cause de son infirmité, qui ose l'accuser de meurtre, alors qu'il a la mort de toute une tribu sur la conscience.

Trois-Pattes sent des larmes de rage lui piquer les yeux et il enfonce ses ongles dans ses paumes. Il n'a qu'une envie : se jeter sur Schleem, lui rentrer sa langue perfide au fond de la gorge. Même s'il sait qu'avant, la pointe de la sagaie lui transpercera le cou.

À travers ses larmes de rage, il voit Krull lui faire un signe. Sa main décrit une courbe délicate, sur laquelle dansent avec légèreté quatre doigts de l'autre main... Le cheval suspendu dans son nuage blanc. Penser, parler, pas de violence.

Depuis que Trois-Pattes sait qui est Schleem, il cherche une image enfouie au fond de lui. Il devine qu'elle lui permettra de dominer le chaman. En louchant vers la pointe de la sagaie qui lui blesse le cou, le garçon aperçoit ce qu'il cherchait.

Trois-Pattes revient à lui, sa colère disparaît. Il tient Schleem, maintenant. Un sourire éclaire son visage. Il sait que Schleem ne portera pas le coup, car il est trop lâche. Lentement, le garçon saisit la sagaie et l'écarte de son cou, l'enlève calmement des mains du chaman, sans provoquer aucune résistance de sa part.

– Voyez ce signe, gravé sur la pointe de la sagaie… dit Trois-Pattes en montrant l'arme. Deux petits traits qui se rapprochent l'un de l'autre sans jamais se toucher ? Le signe de Schleem. Il a fait ce même signe lorsqu'il a dessiné le bouquetin sous le toit de rocher. Et il y a ce signe sur une autre image encore. Une galerie part du fond du gouffre interdit et là-bas…

– Ce n'est pas moi ! hurle Schleem en tirant la langue. C'est Krull qui peint là-bas !

– Comment peux-tu savoir que j'ai fait des peintures dans Noo, alors que tu n'y es pas allé ?

Sur les lèvres de Krull flotte un sourire sombre. Trois-Pattes poursuit :

– Là-bas, dans cette galerie se trouve l'image d'un homme percé de trois sagaies. Le corps de Xan aussi a été frappé à trois reprises. Et le signe de Schleem se trouve sous cette image.

Schleem se tient les épaules rentrées. Il ne cesse de tirer et de rentrer sa langue.

– Lorsque les hommes chassent du gros gibier, dit Krull, je représente la bête sur la paroi de la grotte. Pour que le monde ne perde pas l'équilibre et pour préparer les hommes à la chasse. Schleem, tu as gravé un homme sur le rocher pour pouvoir lui faire la chasse. Pour te préparer au meurtre. Schleem, tu as tué Xan.

Les hommes saisissent leurs armes. Mais Schleem a déjà attrapé une torche et court vers les pierres qui poussent. Sa torche dessine des serpents rouges qui sautillent sur l'eau noire. Les hommes sont prêts à se jeter à ses trousses lorsque Schleem pousse un long cri d'horreur : le passage par lequel se sont glissées les torches, tout à l'heure, a disparu. La longue plainte de Schleem se poursuit encore, tandis qu'il s'enfonce plus profondément, que sa torche s'éteint, que l'eau lui remplit la bouche. Les parois renvoient ses derniers cris. Puis c'est le silence.

CHAPITRE 21

La nouvelle salle des Rites est silencieuse. Les longues ombres des hommes assis autour du feu dansent sur les parois. Krull prend enfin la parole :

– Des hommes qui en tuent d'autres n'ont pas le droit de vivre dans nos tribus. Tant qu'il fut en vie, Schleem a causé beaucoup de mal. Il aurait continué à semer le malheur. Qu'avec sa mort, disparaissent aussi la haine et la colère que nous avons à son égard. Jetez-les ! Cette charge est trop lourde et peut vous écraser. Pardonnez à Schleem pour être plus légers.

Krull a raison. Faut-il que Trois-Pattes répète toute sa vie avec colère : « Schleem a tué ma tribu, il a fait de moi un infirme » ? Ça ne lui rendra ni sa tribu, ni son pied. Le garçon aura besoin de temps pour oublier la haine et la colère. Mais il est plus facile de pardonner aux morts qu'aux vivants.

Tl-Tl interrompt ses pensées :

– Par la dent blanche du mammouth, Krull ! Pourquoi Schleem a-t-il voulu tuer le chef de la tribu des Khors ?

Krull frotte son crâne chauve avant de répondre :

– Je ne peux pas voir ce qui se passe dans la tête des autres, seulement émettre des suppositions. Xan connaissait le secret de Schleem. Il savait que Schleem était responsable de la disparition de la tribu de Trois-Pattes. Xan me l'a raconté le dernier soir, juste avant d'être tué. Je me suis disputé avec lui. Je pensais que tous devaient être au courant du passé de Schleem pour pouvoir décider de ce qu'il fallait faire de lui. Mais Xan voulait garder le secret, afin de tenir Schleem sous sa coupe. Peut-être Schleem a-t-il tué Xan pour cette raison. Un Xan mort ne pouvait pas le trahir. Peut-être Schleem savait-il que j'étais au courant, et a mis la rondelle au bison dans la main du mort, afin qu'on me croie l'assassin. Mais la tribu des Trôms n'est pas tombée dans le piège.

Le chaman remercie Tl-Tl d'un signe de tête. Tl-Tl lui rend son salut. Il est fier d'avoir parlé à temps en faveur de Krull. Celui-ci poursuit.

– Trois-Pattes aussi représentait un danger pour Schleem. Peut-être craignait-il que le garçon ne retrouve les images de son passé, qu'il se souvienne du visage de son ancien chaman. Sans doute est-ce pour cela qu'il voulait que Trois-Pattes soit tué.

Les chasseurs hochent gravement la tête. Trois-Pattes sait que leur regard ne passe plus à travers l'estropié inutile, celui qu'ils voulaient chasser. Ils regardent celui qui a peint des images importantes. Ils voient déjà en lui leur futur chaman.

Barbe-en-Feu s'approche de Trois-Pattes. Il se balance d'un pied sur l'autre d'un air gêné, en malaxant ses doigts. Puis il se décide brusquement et crie :

– Je me suis comporté avec toi comme un sale vieux rhinocéros merdeux, pourri jusqu'à la moelle. Pardonne-moi !

Les hommes rient. Trois-Pattes aussi. Barbe-en-Feu découvre ses gencives édentées, puis se rassied vite, rouge comme sa barbe. Les rires résonnent longtemps dans la salle. Lorsqu'ils se calment, Krull dit avec gravité :

– Beaucoup de gens sont morts en peu de temps. Bec-d'Oiseau à la chasse, l'enfant de Maramuum dans le ventre de sa mère, Xan par les sagaies de Schleem, et Schleem par la vengeance de la grotte. Nous serons les prochains. La seule issue est condamnée par l'eau. Nous ne pouvons plus passer les torches de l'autre côté des pierres qui poussent. Sans elles, de l'autre côté, c'est la mort. Lorsque j'ai apporté ici avec Bouche-Cousue le bois et l'attirail pour peindre, nous n'avions de l'eau que jusqu'aux genoux. La pluie a fait monter le niveau du lac. Peut-être sera-t-il trop tard quand l'eau redescendra. Nous n'avons rien à manger et nos lampes ne sont pas éternelles.

Le regard des hommes passe de l'eau à Krull. La peur y est inscrite. Trois-Pattes sait que d'autres hommes vont les chercher et qu'ils arriveront peut-être même jusqu'à la salle aux Ours. Mais ils ne verront pas la lumière, n'entendront pas les cris.

Krull se lève et jette aux hommes un regard chargé de reproches.

– Je vous ai souvent dit que la Caverne aux peintures, ici, dans le ventre de la montagne, réclame la paix et le silence. Sinon elle se venge. Mais vous ? Qu'avez-vous fait ? Vous y êtes entrés, agités et haineux. Vous avez hurlé, avec une seule pensée en tête : tuer. La grotte ne le permet pas. Vous m'avez obligé, moi votre chaman, à vous accompagner pour vous révéler la cachette de Trois-Pattes. Vous avez traversé le lac, toujours avec l'idée du meurtre. Ce ne sont que les images de Trois-Pattes et son récit qui ont réussi à vous calmer. Trop tard cependant. La caverne s'est vengée, elle nous tient. C'est ainsi.

Les hommes baissent la tête.

Une seule lampe à graisse brûle dans la nouvelle salle des Rites, c'est assez pour dormir. Pendant leur sommeil, les hommes ne sentent pas la faim les tenailler.

Un bruit réveille Trois-Pattes. Il essaie de sonder l'obscurité. En vain. Mais voilà qu'il perçoit un chuchotement

– Oiatte !

Une ombre se détache lentement de l'obscurité et Uum s'assied près de Trois-Pattes. Il regarde le garçon de ses yeux graves, sans sourire. Puis il parle avec les mains. Il recommence les mêmes gestes jusqu'à ce que le garçon comprenne : « Uum sait comment sortir de la grotte, mais Uum veut montrer le chemin uniquement à Trois-Pattes. Uum a peur des autres hommes. »

Soudain, une torche chasse la pénombre protectrice et Tl-Tl surgit, menaçant le sans-cou de sa sagaie. Uum recule, se plaque contre le rocher, terrorisé. Les autres se sont réveillés et font cercle autour de lui.

Trois-Pattes s'est interposé entre Uum et l'arme. Il dit d'une voix bien timbrée :

– Non, Tl-Tl ! Le sans-cou s'appelle Uum. Je le connais, il est inoffensif. Il va nous montrer le chemin qui mène hors de la caverne.

Tl-Tl hésite encore. Krull le houspille :

– Tl-Tl ! Espèce de rhinocéros ! Si tu tues le sans-cou, tu nous tues tous. Il est le seul à connaître la sortie. Tl-Tl, tu penses trop avec les armes, pas assez avec la tête.

Le chef de la tribu des Trôms baisse sa sagaie. Trois-Pattes soupire de soulagement.

Uum passe devant. Il escalade une partie de la paroi, puis se glisse à travers une faille. Il conduit les hommes dans un boyau étroit, qui n'en finit plus de faire des coudes. Ils s'écorchent aux aspérités du rocher, glissent dans l'eau froide. Enfin, ils débouchent dans une grotte suintante, aux parois d'argile et de pierres rougeâtres.

– Ah ! La Grotte rouge ! s'écrie Krull. Je ne savais pas qu'elle était reliée à la Caverne aux peintures ! Parfois, les sans-cou en savent davantage que nous. Au lieu de les tuer, nous devrions plutôt écouter ce qu'ils ont à nous apprendre.

Trois-Pattes se retourne. Uum a disparu aussi silencieusement qu'il était arrivé. Mais le garçon sait qu'il le reverra car les peintures de la caverne hantent le sans-cou.

CHAPITRE 22

Sous le haut toit de rocher, Trois-Pattes réduit des pierres noires en poudre. Encore et encore. Les hommes ont besoin de la force des peintures pour chasser, pour vivre…

Le bouquetin que Schleem a gravé dans la paroi semble vouloir courir vers la plaine. Le regard de Trois-Pattes ne cesse de fixer cette image. Quelque chose le dérange, mais quoi ? C'est Schleem qui l'a dessinée. Schleem qui ne ressortira plus jamais de la caverne pour se promener à l'air libre comme le bouquetin.

Voilà. Le garçon sait maintenant ce qu'il doit modifier. En quelques traits, il donne une deuxième tête à l'animal, une tête qui regarde vers l'arrière, vers Schleem. Il a maintenant deux têtes, une qui regarde vers la lumière, l'autre qui plonge son regard dans l'obscurité. Trois-Pattes sait que lui aussi, tout comme le bouquetin, il peut regarder vers ce qui sera et vers ce qui a été…

Derrière lui murmure le manteau de Krull.

–Bien, Trois-Pattes. Je vois que tu as pardonné à Schleem, dit le chaman. Tu peux maintenant regarder le passé sans rancune.

Trois-Pattes acquiesce. Il aimerait demander beaucoup de choses à Krull, mais celui-ci l'arrête d'un geste de la main.

–Attends avec tes questions ! Tu as encore beaucoup à apprendre avant de devenir chaman. Maintenant, c'est mon tour. Moi, le vieux chaman, dont tout le monde croit qu'il sait tout, je voudrais te poser une question à toi, le jeune garçon qui croit ne rien savoir.

Krull s'assied près de Trois-Pattes et lui demande à voix basse :

–Trois-Pattes, les peintures dans la nouvelle salle des Rites... tu les as peintes... sans mettre la poudre noire... dans ta bouche ?

–J'ai pris l'eau du lac pour mélanger les couleurs, dit le garçon.

Krull bougonne en frottant son crâne chauve, puis il lâche :

–Les peintures sont si puissantes... que j'ai cru que tu avais...

La fin de la phrase disparaît dans des grognements.

Le chaman reste longtemps là à bougonner, comme si Krull se disputait avec Krull. Puis il se lève et tape du poing droit dans la paume gauche en disant :

– Si toi, le petit rhinocéros, tu es capable de peindre de telles peintures sans le poison des pierres noires, alors moi, le vieux rhinocéros, je devrais pouvoir le faire aussi. Plus de poison pour Krull !

Il ajoute dans un soupir :

– Enfin, je vais essayer…

Puis il disparaît, enveloppé du murmure de sa cape.

– Ils arrivent… Ils arrivent ! annonce une voix.

Kivi est déjà là, avant que le garçon n'ait eu le temps de boitiller jusqu'au bord de l'abri.

– Trois-Pattes ! Ils arrivent ! Les rennes ! Et même plusieurs hardes immenses de rennes ! Par la dent luisante du mammouth ! Je n'ai encore jamais vu autant de bêtes d'un coup ! Elles remontent le Grand Fleuve et seront ici dans quelques jours ! Tu vois, Trois-Pattes, tes peintures dans la nouvelle salle des Rites nous ont déjà porté bonheur. Avant même la fête de la Chasse collective !

Kivi est à bout de souffle. Pas à cause de la course, bien sûr ! Mais d'énervement et de joie. Trois-Pattes est content, lui aussi. Il y aura assez de viande et de fourrures pour tout le temps du grand froid blanc. Et lui, Trois-Pattes, y aura été pour quelque chose.

Une ombre de tristesse passe sur le visage de Kivi.

– Dommage que je ne puisse accompagner les chasseurs. Je ne suis pas assez forte pour lancer la sagaie. Tant pis. Je rabattrai les animaux avec les autres femmes.

Trois-Pattes va chercher le propulseur et quelques sagaies.

– Tiens, Kivi ! Je te le donne.

Déconcertée, Kivi retourne le propulseur dans tous les sens. Puis elle regarde son ami, plutôt déçue.

– Merci, Trois-Pattes. Ce bâton est joliment gravé. Le bouquetin… l'oiseau… Mais que veux-tu que j'en fasse ?

Trois-Pattes sourit et cale une sagaie dans le propulseur. L'arme vole jusqu'au ruisseau et se fiche dans le sable. Kivi écarquille les yeux.

– Par la dent pointue de l'ours ! Mais elle vole plus loin que celles de Tl-Tl. Et c'est lui le meilleur lanceur. Tu crois que je vais y arriver ?

Déjà elle a saisi le propulseur. La sagaie se fiche à quelques pas. Kivi grogne. Encore un essai. Cette fois, la sagaie s'élève trop droite dans les airs. Furieuse, la fille recommence, de toutes ses forces, et pousse un cri de joie. L'arme vrombit et semble ne plus vouloir finir sa course. Tl-Tl et quelques chasseurs remontent justement de la vallée. Encore haute dans les airs, la sagaie pique soudain vers le sol. Elle se fiche en vibrant aux pieds de Tl-Tl, blême comme la lune. Il regarde Kivi, qui n'ose plus faire un mouvement. Puis le chef rugit :

– Kivi ! C'était toi ?

– Pardon… je… je ne voulais pas, bafouille-t-elle.

– Tu as failli me percer le pied, bécasse ! tonne Tl-Tl. Comme punition, tu devras… nous accompagner à la chasse.

Et il éclate d'un rire sonore, imité des chasseurs.

Kivi reste immobile. Ce que son oreille a entendu, sa tête ne l'a pas encore compris. Puis elle pousse un hurlement de joie et se pend au cou de Trois-Pattes. Mais deux corps sont trop lourds pour trois pattes, et ils roulent par terre en riant très fort. Comme la corneille, qui se perche sur une pierre, renverse sa tête blanche et craille, craille sans plus vouloir s'arrêter.

POUR EN SAVOIR PLUS...

Aurochs (p. 14) : c'est l'ancêtre de nos bovins. Il pouvait mesurer jusqu'à 2 mètres de hauteur au garrot et peser 1 300 kilos. Il est souvent représenté dans les grottes, mais il semblerait que les chasseurs de l'âge de pierre ne l'aient que rarement chassé parce qu'il était extrêmement dangereux.

L'aurochs de la double page 116-117 se trouve dans la grotte de Lascaux. Avec ses 5,50 m de long, il est la plus grande représentation animale connue.

Bison (p. 51) : cet animal ressemblait au bison américain actuel. Mais il mesurait 2 mètres de haut et pesait une tonne. Les hommes de la dernière glaciation ont très souvent représenté le bison sur les parois de leurs grottes. Il semblerait qu'ils l'aient peu chassé, car on a retrouvé peu d'ossements près des foyers. Les descendants des bisons de la période glaciaire ont vécu dans des zones très reculées d'Europe jusqu'au XVIIIe siècle. Cette espèce a pu être reconstituée par croisements, mais on ne la rencontre que dans les zoos et les réserves.

Le bison de Lascaux de la page 61 est en train de perdre sa sombre fourrure hivernale.

Bois qui bourdonne (p. 179) : les sons fantastiques du « bois qui bourdonne » font plutôt partie du domaine de la magie que de celui de la musique. Cet instrument s'appelle en réalité une rombe. Il est encore en usage dans certaines tribus primitives d'Australie.

Bouquetin (p. 48) : cet animal vit encore aujourd'hui, à haute altitude, dans les montagnes. Pendant la période glaciaire, les glaciers le repoussaient vers les vallées. Au grand bonheur des chasseurs, mais aussi des peintres des cavernes qui l'ont souvent représenté.

Le bouquetin des pages 98 et 216 a été gravé dans le rocher à Fos Côa, au Portugal.

Cerf (p. 18) : le descendant du cerf de l'époque glaciaire vit encore aujourd'hui. Il était chassé pour sa chair tendre et pour son cuir souple, dans lequel on taillait des vêtements. Avec les os et les ramures, on faisait des pointes de sagaies et des outils gravés.

L'original du cerf de la page 56 se trouve dans la grotte de Lascaux.

Le mégacéros, ou cerf géant, était un parent du cerf. Ses bois aplatis et palmés avaient une largeur de 3 mètres et pesaient jusqu'à 74 kilos. Il a disparu à la fin de l'ère glaciaire, car sa parure entravait ses mouvements dans les forêts qui gagnaient alors en extension. Son image nous est parvenue grâce à un dessin de la grotte de Cougnac.

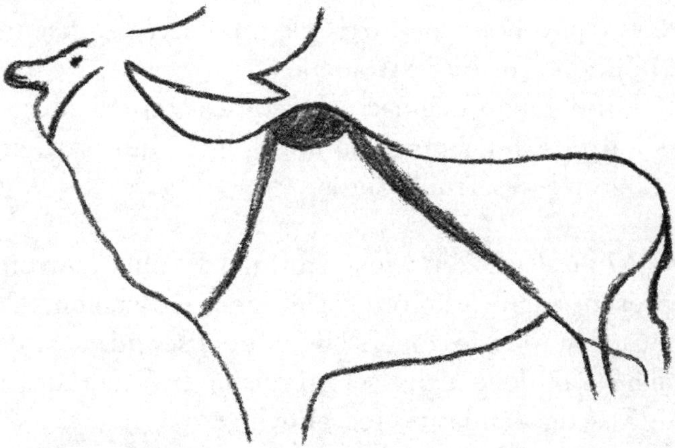

Mégacéros

Chaman (p. 8) : les peuples primitifs l'appellent aussi homme-médecine, magicien, voyant ou guérisseur. Guérir les malades, accomplir des rituels, s'assurer la faveur des esprits lors d'entreprises importantes et donner des conseils lors de décisions graves faisaient partie des attributions des chamans. Certains chercheurs pensent que les chamans avaient aussi pour fonction d'exécuter les peintures rupestres.

Les chamans pouvaient se mettre en relation avec le monde des esprits et des démons, au moyen de transes ou de drogues qui élargissent le champ des perceptions. Ils deviennent ainsi les intermédiaires entre ces mondes et celui des hommes.

Les fonctions occupées par le chaman sont relayées dans notre société par les médecins, prêtres, psychologues, artistes, intellectuels, diseurs de bonne aventure, astrologues…

Un chaman déguisé en bison est représenté en bas à droite sur l'image de la page 112 qui provient de la grotte des Trois-Frères.

Cheval (p. 23) : c'est l'animal le plus souvent représenté dans les grottes. L'absence d'ossements de chevaux autour des foyers laisse supposer que cet animal a été difficile à chasser en raison de sa rapidité.

Les descendants des chevaux de la période glaciaire, les petits

Cheval « japonais » de la grotte de Lascaux

chevaux trapus de Przewalski, vivent encore à l'état sauvage en Mongolie. Ils ont une crinière en brosse, un ventre bombé et blanc, et des jambes courtes. Comme chez ce cheval de la grotte de Lascaux, leur pelage est de deux couleurs différentes, séparées par une ligne en forme de M.

Couleur (p. 18) : les peintres des cavernes ont utilisé essentiellement les couleurs suivantes : jaune, rouge, noir, et toutes les teintes d'ocres et de bruns résultant des mélanges.

Le rouge et le jaune sont obtenus à partir de roches qui contiennent de l'oxyde de fer (l'ocre jaune, la sanguine, l'hématite, la pyrite, la goethite, etc.).

Le manganèse et le charbon de bois donnaient la couleur noire.

Les hommes préhistoriques dessinaient directement sur la paroi avec un bout de roche ou de charbon de bois. Ou alors ils réduisaient des roches en poudre. Cette poudre était soit appliquée sèche sur la paroi humide, soit mélangée à de la salive ou à de l'eau avant d'être étalée sur la roche sèche.

L'eau des lacs souterrains assurait une excellente cohésion entre la couleur et la roche, ce qui explique la durée de vie exceptionnelle des peintures.

Feu (p. 9) : inutile de souligner l'importance du feu à l'âge de pierre. Comme combustible, on utilisait du bois, des os ou des graisses animales. Les hommes préhistoriques allumaient le feu soit en frottant deux morceaux de bois l'un contre l'autre selon différentes techniques, soit en tirant des étincelles d'une pierre à feu.

Lors de leur duel (pages 95 et 96), les chamans semblent utiliser leurs pouvoirs magiques pour changer la couleur du feu. En fait, ils doivent leur succès à la chimie. Voilà comment faire soi-même du feu magique de toutes les couleurs : pour obtenir un feu jaune, utiliser du natrium ; pour le bleu, du césium ; pour le rouge, du lithium ; pour le vert, du cuivre ; pour le violet, du kalium ; pour des étincelles blanches, du magnésium.

Tous ces éléments chimiques existent dans la nature, combinés à d'autres minéraux.

Grande Femme (p. 22) : quelques figurines, qui représentent des femmes très grosses, aux seins lourds, au ventre de femme enceinte et aux hanches surdimensionnées, nous sont parvenues du Mégalithique. Les traits de leur visage sont imprécis et rappellent souvent la tête d'un oiseau. Elles sont représentées sans pieds, ce qui laisse supposer qu'on les plantait dans la terre. On trouve encore des traces de couleur

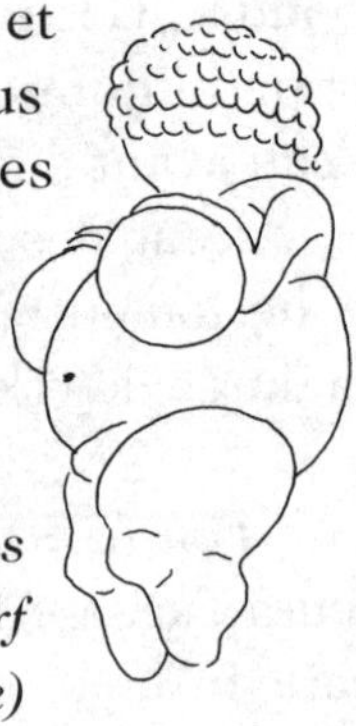

Vénus de Willendorf (Autriche)

rouge sur quelques-unes d'entre elles. Les chercheurs supposent que ces statuettes étaient utilisées lors des cérémonies de fécondité, comme celle de la fête de la Grande Femme (pages 115 à 118).

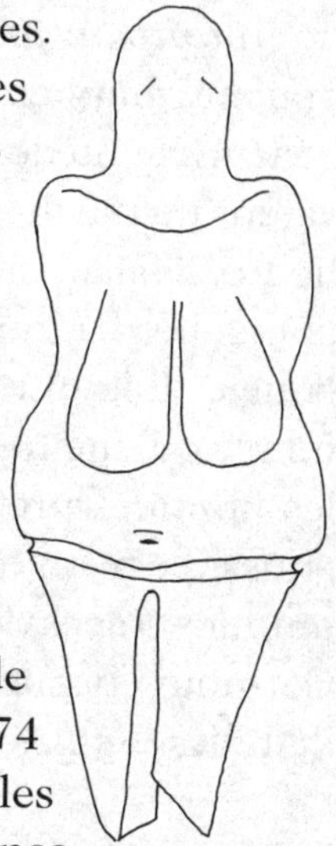

Figurine féminine de Dolni Vestonice (République tchèque)

Guerre (p. 173) : la manière de faire la guerre, décrite pages 174 à 177, est encore en vigueur chez les Papous de Nouvelle-Guinée. Certaines tribus de ce pays ont actuellement un degré de civilisation comparable à celui de l'âge de pierre.

Hydromel (p. 127) : boisson faite à partir de miel. Elle est encore consommée aujourd'hui dans certaines régions.

Langue (p. 91) : le chaman Schleem tire la langue pour bien montrer qu'on ne peut y voir de mensonge. Cette coutume est encore en vigueur aujourd'hui dans certaines peuplades tibétaines. Dans nos civilisations occidentales, nous élevons la main ou la pressons contre notre cœur, en signe de serment.

Lampe à graisse (p. 57) : des pierres creusées étaient remplies de graisse animale. Des copeaux de genévriers ou des torsades d'herbes ou de lichen servaient de mèches. Une lampe brûlait à peu près une heure. Il fallait ensuite ajouter de la graisse et changer la mèche. La luminosité correspondait à celle d'une bougie. Elle offrait l'avantage de produire moins de fumée qu'une torche. On suppose que, pour peindre, les hommes préhistoriques utilisaient des lampes à graisse, car on a retrouvé des pierres creusées portant des traces de feu sous de nombreuses peintures. Certaines tribus inuits utilisent encore aujourd'hui de telles lampes à graisse.

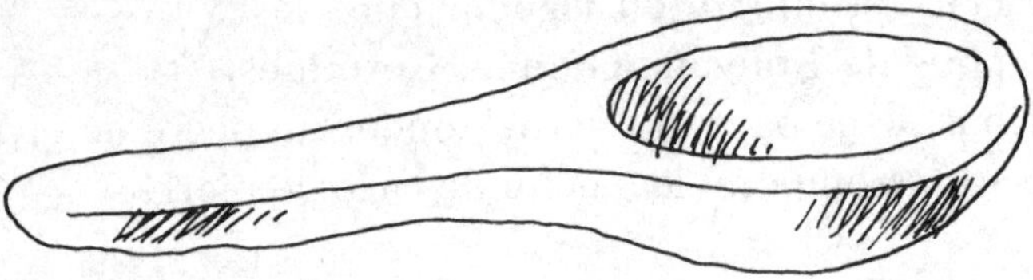

Lampe à graisse
de la grotte de Lascaux

Lion des cavernes (p. 22) : le lion de l'ère glaciaire était plus grand que son descendant actuel et n'avait pas de crinière. Les hommes préhistoriques n'ont certainement pas tenté de le chasser !

Les représentations de lions des pages 196 et 203 proviennent de la grotte de Chauvet en France.

Mains (p. 119) : des empreintes de mains rouges et noires, telles qu'on les voit page 121, furent trouvées dans presque toutes les grottes aux peintures rupestres. Elles étaient représentées en négatif (la main sert de pochoir pendant que la couleur est vaporisée sur la roche) ou en positif (la main recouverte de peinture est imprimée sur la roche). Il manque des doigts à de nombreuses mains en négatif. Ce qui ne signifie nullement qu'il s'agissait de mutilations. On obtient en effet le même résultat en repliant les doigts.

Le rite des mains des pages 119 à 121 décrit un rite initiatique qui permet aux jeunes de devenir des membres adultes de la tribu. De tels rites, souvent accompagnés d'épreuves de courage ou de souffrance, sont encore en vigueur dans les tribus primitives aujourd'hui. Dans la grotte de Cosquer, les empreintes se trouvent effectivement au-dessus d'un gouffre. Il fallait certainement avoir du cran pour aller y appliquer sa main.

Maladie de Krull (p. 107) : la roche de manganèse nécessaire à la fabrication de la couleur noire contient de l'oxyde de manganèse qui est toxique. Lorsqu'il entre en contact avec les muqueuses, il peut provoquer des hallucinations, comme celles que Krull évoque page 141. Une absorption prolongée de ce poison provoque des symptômes semblables à ceux de la maladie de Parkinson (tremblements accompagnés de paralysie). Les effets de ce mal sont décrits page 185.

Mammouth (p. 31) : notre éléphant n'est qu'une demi-portion, comparé au mammouth de l'ère glaciaire, haut de 5 mètres. Le mammouth ne se différencie pas de l'éléphant (qui n'est d'ailleurs pas son descendant) seulement par la taille, mais aussi par les protubérances frontales, les longues défenses courbes et la fourrure qui traîne par terre. L'unique moyen de tuer cet animal était de le faire tomber dans des fosses. Le mammouth a disparu vers la fin de l'ère glaciaire. Quelques spécimens furent trouvés congelés en Sibérie. Le dessin des pages 202-203 montre un bébé mammouth (représenté dans la grotte de Chauvet, en France).

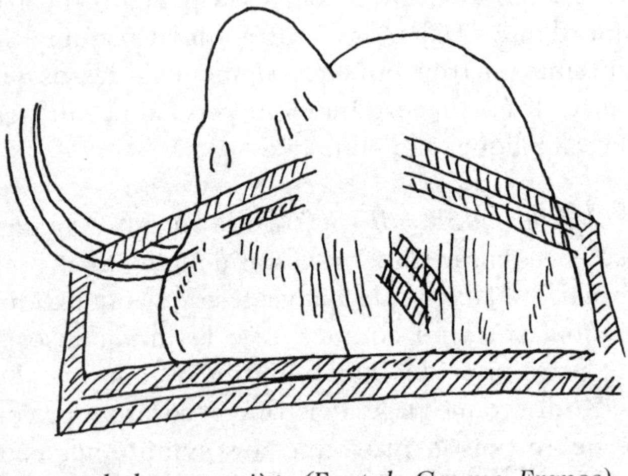

Mammouth dans un piège (Font-de-Gaume, France)

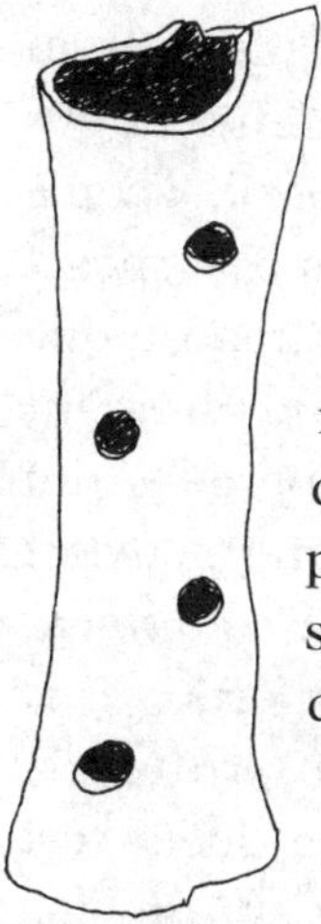

Musique (p. 115) : les instruments en bois, cuir, tendons, etc. n'ont pas été conservés. On a cependant retrouvé des os creux, percés de trous, comme nos flûtes contemporaines. Des marques de coups ont été découvertes sur des stalagmites. Il est possible que l'on ait fait de la musique sur ces tambours en pierre, de la manière décrite aux pages 66, 117 et 119.

Flûte en os de Willendorf (Autriche)

Noo (p. 26) : des gouffres profonds, comme celui de Noo, existent dans de nombreuses cavernes aux peintures. Il est probable que les hommes préhistoriques ont paré ces lieux inquiétants d'une signification particulière. Dans la grotte de Lascaux, il y a un puits de 8 mètres de profondeur, dans lequel se trouve l'image de la page 148. On ne pouvait parvenir à cet endroit qu'à l'aide d'une corde. Et les empreintes de la corde par laquelle les hommes préhistoriques sont descendus dans ce lieu effrayant sont toujours là, sur la paroi argileuse.

Ours (p. 73) : deux sortes d'ours se sont côtoyés pendant l'époque glaciaire, l'ours brun et l'ours des cavernes. L'ours brun a survécu jusqu'à aujourd'hui.

L'ours des cavernes était bien plus grand (2,50 m au garrot) et hibernait dans les grottes. On a retrouvé ses nids, ou « bauges », creusés dans l'argile du sol, jusqu'à plus d'un kilomètre de l'entrée. L'ours des cavernes a disparu vers la fin de l'ère glaciaire. On suppose que cet animal particulièrement fort n'a été que rarement chassé par l'homme. Les dents d'ours percées qui datent de cette époque peuvent très bien provenir d'animaux trouvés déjà morts.

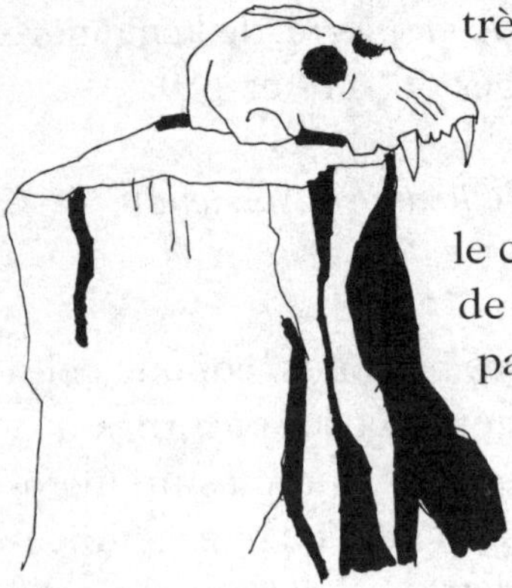

Dans la grotte de Chauvet, on a découvert le crâne d'un ours sur un bloc de pierre. La scène de la page 79 y fait allusion. Les représentations d'ours des pages 75 et 83 proviennent de cette même grotte.

Crâne d'ours de la grotte de Chauvet

Outils et armes (p. 9) : seuls les outils en pierre, en os ou en corne de la préhistoire ont été conservés. Nous ne savons que peu de choses des objets en bois, cuir, fibres, argile, etc.

On a trouvé des lames, des grattoirs, des perçoirs, des scies, des pointes de sagaies, des haches et beaucoup d'autres outils en silex taillé. Avec les os, les bois de cerf ou les dents de mammouth, on fabriquait des harpons barbelés, des pointes de sagaies, des massues, des aiguilles à coudre munies d'un chas, des bâtons percés (pour redresser les sagaies), des flûtes, des récipients, etc.

Depuis l'apparition des peintures rupestres, beaucoup de ces outils ont été gravés de différents signes. Entre autres raisons, pour permettre de reconnaître le chasseur qui a porté le coup mortel à un animal lors d'une chasse collective. Cet usage a été fatal au chaman Schleem (voir page 206).

De nombreuses pointes de sagaies ainsi que des épieux ont été trouvés, enfoncés dans des anfractuosités du rocher, tout autour de peintures d'animaux (pages 108 et 148). Voir aussi la rubrique Signes, p. 240.

Pointe de sagaie en os

Harpon en corne

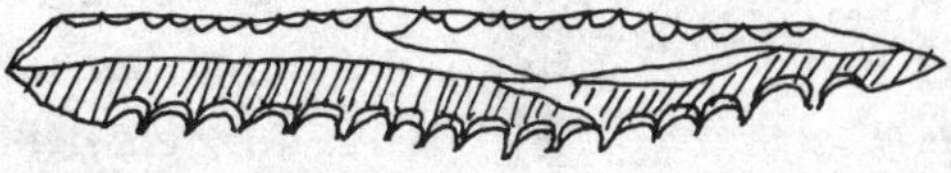

scie en silex

Peintures (p. 24) : différentes techniques étaient utilisées lors de la réalisation des peintures rupestres, comme le grattage, la gravure, le dessin avec du charbon de bois ou de la sanguine, la peinture avec les doigts, des brindilles, des morceaux de fourrure, des pinceaux, la pulvérisation de la couleur avec la bouche, l'utilisation de pochoirs ou de patrons.

Le cheval tacheté de la grotte de Pech-Merle, en France, a dû être réalisé de la manière suivante :

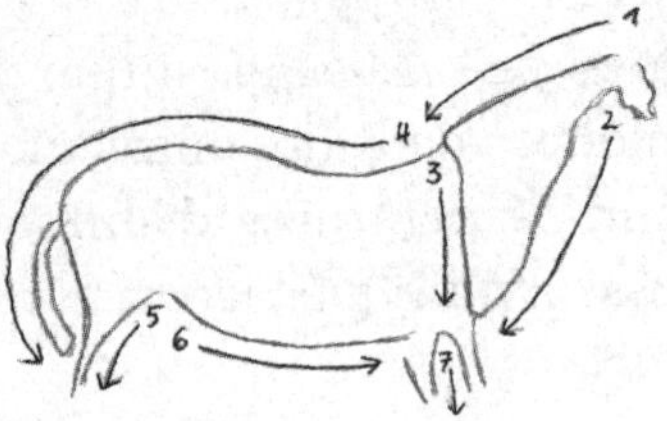

Les contours ont d'abord été dessinés au charbon de bois. (Les numéros indiquent l'ordre d'exécution et les flèches la direction des traits.)

La couleur liquide a ensuite été projetée avec la bouche pendant que les mains délimitaient l'espace à colorer.

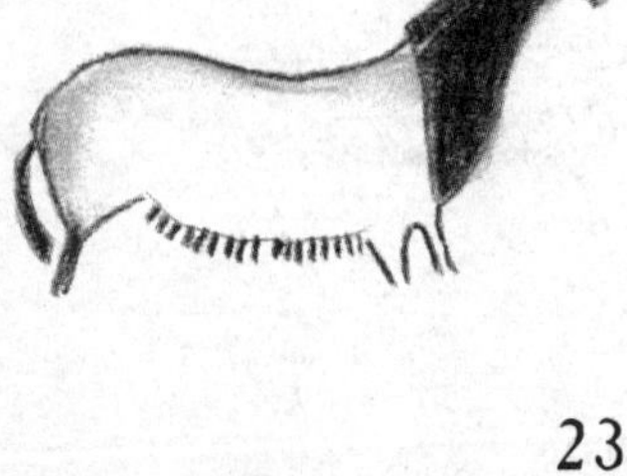

Les poils des pattes, de la tête et du ventre ont été peints avec les doigts.

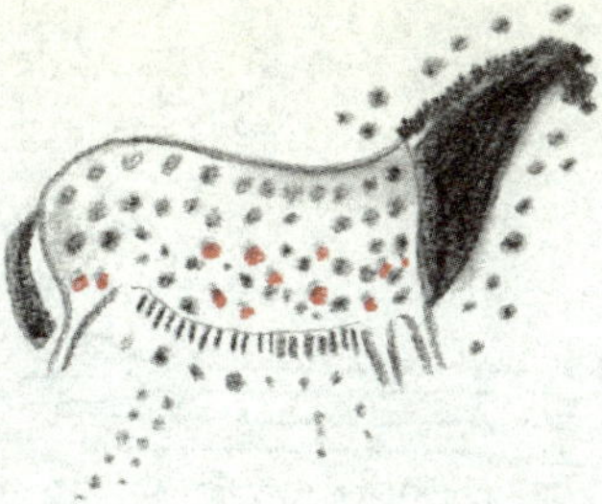

Les points ont été obtenus en utilisant un pochoir en écorce, en peau etc. autour duquel a été projetée la peinture.

Propulseur (p. 139) : l'engin de propulsion que Trois-Pattes découvre à la page 137 existait bel et bien à l'époque préhistorique. Plus tard, les Aztèques l'ont appelé « atlatl ». Les peuplades primitives d'Australie l'utilisent encore à notre époque. Aujourd'hui, le lancer au propulseur est en train de devenir un sport à la mode aux États-Unis. Cet outil permet d'envoyer une sagaie à 200 mètres. Sa force de propulsion est suffisante pour tuer du gibier à une distance de 40 mètres. Un autre avantage : la trajectoire ne décrit pas une courbe comme lors du lancer à la main, mais une ligne relativement droite, ce qui facilite la visée.

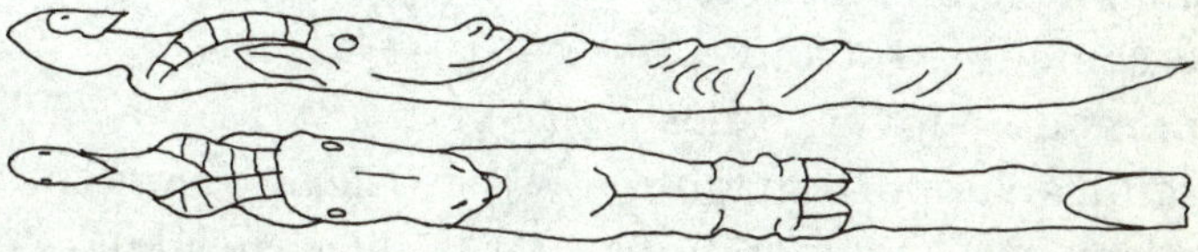

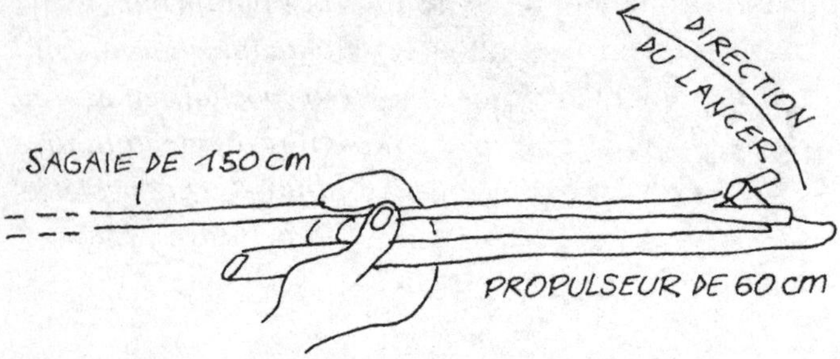

Le fonctionnement d'un propulseur.

Le propulseur de Trois-Pattes, avec la tête d'oiseau et le bouquetin sculptés, a été trouvé dans la grotte du Mas-d'Azil, en France.

Renne (p. 204) : il vit encore de nos jours dans les régions arctiques de l'Alaska, du Canada, de la Scandinavie et de la Sibérie. Il représentait un apport en nourriture essentiel pour l'homme préhistorique, comme le montrent les ossements retrouvés près des foyers. Les rennes supportent difficilement les températures supérieures à 13 °C, et

Renne (grotte des Trois-Frères, France)

sont donc contraints à deux migrations annuelles. Ils se réunissent au printemps en d'énormes hardes de plusieurs milliers de bêtes et migrent vers les contrées froides, pour en revenir à l'automne. Les chasseurs préhistoriques les guettaient sur leur trajet.

Le renne a été plutôt rarement représenté dans les cavernes.

Représentation d'hommes (p. 146) : les peintures représentant des humains sont très rares. La plupart du temps, elles se trouvent dans des lieux difficilement accessibles, comme si elles devaient restées cachées aux yeux des hommes. Les êtres peints sont souvent des hybrides, mi-hommes, mi-animaux.

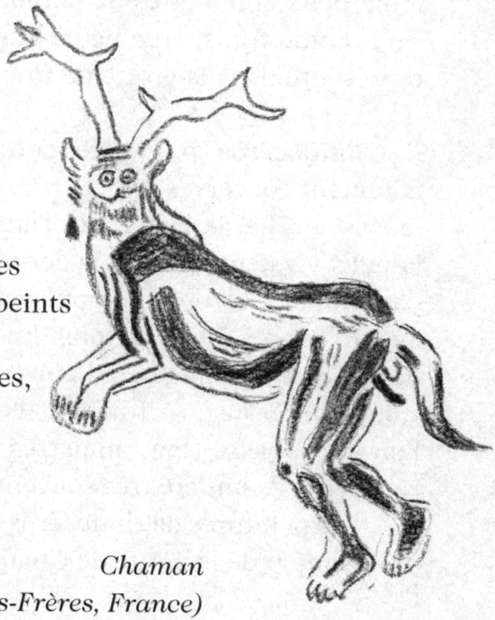

Chaman
(grotte des Trois-Frères, France)

Femme bison
(grotte de Pech-Merle, France)

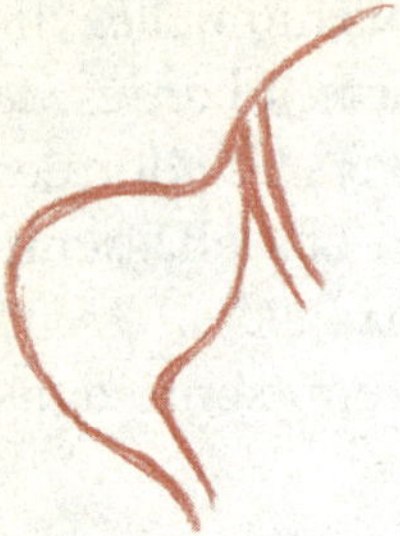

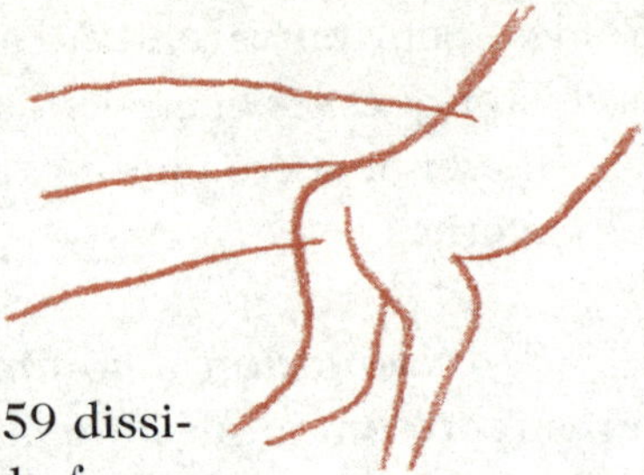

L'image mystérieuse de la page 59 dissimule deux silhouettes de femmes.
Un homme transpercé figure page 146, un autre est représenté dans la grotte de Cougnac, en France.

Rhinocéros (p. 29) : des corps de rhinocéros parfaitement conservés ont été récemment trouvés dans le sol de Sibérie, gelé toute l'année. Ces rhinocéros laineux vivaient pendant la dernière période glaciaire dans toute l'Europe. Ils pouvaient atteindre 1,60 m au garrot et 3,50 m de long. En hiver, leur fourrure descendait jusqu'à terre. Leur corne antérieure pouvait mesurer jusqu'à 1 mètre. Il est peu probable que l'on ait chassé ces monstres caparaçonnés. En revanche, ils ont été très souvent représentés.

Les peintures de rhinocéros des pages 195 et 202 proviennent de la grotte de Chauvet en France.

Sans-cou (p. 155) : Uum, le sans-cou des pages 159 à 162 et 212 à 214, et tous les sans-cou de ce roman sont des hommes de Neandertal, qui avaient bien entendu un cou. Mais comme chez eux la colonne vertébrale et la tête étaient articulées en un angle légèrement plus fermé que chez nous, ils devaient garder la tête un peu penchée vers l'avant. Le cou était donc probablement peu visible, dissimulé par les muscles de leurs puissantes épaules.

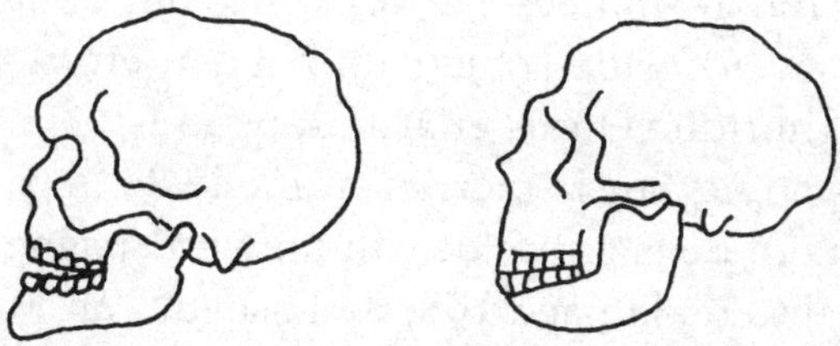

Homo sapiens sapiens — *Homo sapiens neanderthalensis*

Les hommes de Neandertal (*Homo sapiens neanderthalensis*) peuplaient depuis environ 200 000 ans la plus grande partie de l'Europe. Ils vivaient dans des grottes ou des tentes et fabriquaient des outils rudimentaires. Ils ont disparu il y a environ 35 000 ans pendant qu'apparaissait un nouveau type d'homme : l'homme de Cro-Magnon (*Homo sapiens sapiens*, également appelé homme moderne). Légèrement plus grand, avec un crâne et un squelette différents, l'homme de Cro-Magnon fabriquait des outils plus perfectionnés. Il est le premier dans l'histoire de l'humanité à avoir décoré ses outils et les parois des grottes.

Les scientifiques n'ont pas réussi à déterminer si les hommes de Neandertal ont été assimilés par les hommes de Cro-Magnon ou s'ils ont disparu eux aussi.

Signes (p. 13) : à côté des représentations animales, on trouve dans les grottes de nombreux signes tels que points, stries, carrés, grilles, flèches et lignes indéterminées. De tels signes ont également été retrouvés sur des objets en bois ou en os. (Voir aussi la rubrique Outils et armes, p. 232.)

Les points sur la pierre sentinelle de la page 19 proviennent de la grotte de Chufin, en Espagne, et la grille peinte de la page 108, de Lascaux, en France. En regardant attentivement l'entrelacs de lignes de la page 59 (Pech-Merle, France), on aperçoit des silhouettes d'animaux.

Différentes interprétations de quelques signes :

Éventail, hutte, tente, méduse

Sagaie, ramures, plante, arbre

Massue, arc, femme

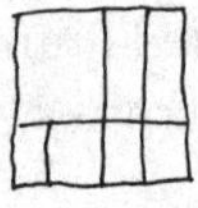

Grille, piège, blason

Tl-Tl (p. 45) : le nom du chef de la tribu des Hommes-Chevaux ressemble à un claquement de langue. Ce son est utilisé pour diriger les chevaux, et il fait encore partie de la langue de certaines tribus d'Afrique du Sud et de Namibie.

SUR LES TRACES DE TROIS-PATTES

Pendant une période d'environ 25 000 ans (35 000 à 10 000 ans avant notre ère), les hommes se sont enfoncés dans les recoins les plus reculés des grottes pour y recouvrir les parois de leurs peintures.

Cette période correspond à la fin de l'ère glaciaire. Pendant la dernière glaciation (glaciation de Würm), la moitié de l'Europe actuelle était sous les glaciers. Les territoires de villes telles que Berlin, Munich, Salzbourg, Zurich ou Stockholm étaient recouverts d'une couche de glace de plusieurs centaines de mètres d'épaisseur. Comme ces glaciers retenaient beaucoup d'eau, le niveau de la mer était plus bas d'environ 100 à 130 mètres.

La carte de l'Europe de l'époque devait approximativement ressembler à celle de la p. 244 :

Des toundras et des steppes herbeuses se trouvaient sur les surfaces épargnées par les glaciers. Elles représentaient un pâturage idéal pour les hardes de bisons, chevaux, rennes, aurochs, rhinocéros… Les hommes se nourrissaient à l'époque essentiellement de viande et de poisson. En altitude, s'étendaient de

– *Côtes actuelles*
-- *Extension des glaciers*
– *Côtes de l'époque glaciaire*

denses forêts de conifères, tandis que les fleuves étaient bordés de bois de feuillus.

Des réchauffements de température sont cependant enregistrés même pendant l'ère glaciaire.

L'époque de Würm a duré de 80000 à 10000 ans avant notre ère. La fin de l'ère glaciaire a entraîné la disparition de nombreuses espèces animales : mammouth, ours des cavernes, lion des cavernes, rhinocéros laineux… Ce fut également la fin de la civilisation des chasseurs et des peintres rupestres. Et le début d'une ère nouvelle : celle des paysans sédentaires.

Aujourd'hui, plus de 300 grottes ornées ont été recensées. La plupart d'entre elles se trouvent dans le sud de la France et le nord de l'Espagne. Il y a également des grottes isolées au Portugal, en Italie, sur la côte dalmate, en Roumanie, dans le sud de l'Allemagne et en Russie.

Les cavernes aux peintures rupestres n'étaient pas habitées. Il s'agissait probablement de lieux de culte consacrés à des fêtes et à des rituels auxquels

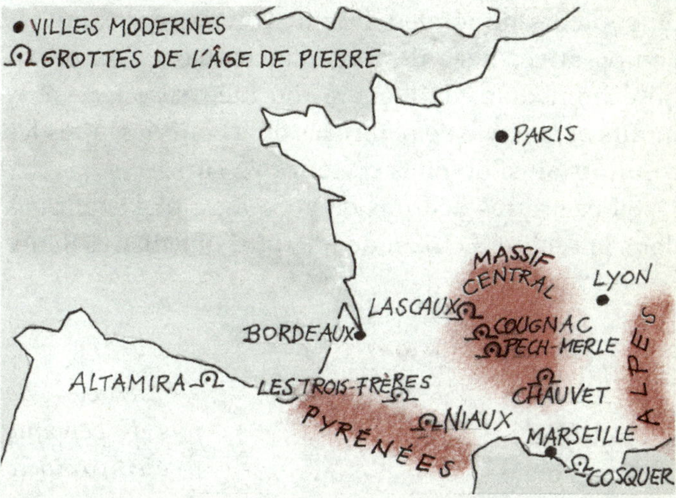

Carte des principales cavernes aux peintures rupestres

participaient les hommes préhistoriques, soit individuellement, soit en groupes. Dans la grotte de Niaux, on a même trouvé des traces de pieds d'enfants. Les hommes ne vivaient à l'époque que dans l'entrée des grottes, dans les abris-sous-roche, et sous des tentes en peaux de bêtes.

Il n'est pas évident de dater une peinture rupestre. Lorsque des traces organiques sont mélangées à la couleur (charbon de bois, graisse, résidus de plantes…), l'affaire est relativement aisée. Il suffit alors de prélever une seule particule de peinture et de la dater à l'aide du carbone 14. Cette méthode est assez fiable. Elle n'est d'aucun secours pour les gravures ni pour les peintures constituées de couleurs minérales. Il faut alors faire des études comparatives avec des organismes trouvés à proximité immédiate de l'œuvre, ou bien se référer aux motifs et au style de peintures déjà connues. Mais les résultats ainsi obtenus restent peu sûrs.

Les grottes décrites dans ce livre n'existent pas dans la réalité. Le plan de la grotte imaginaire figure

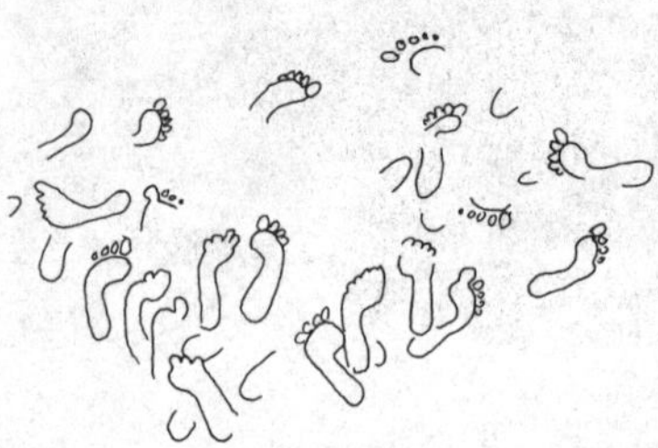

Traces de pas de l'époque préhistorique dans la grotte de Niaux

sur les pages 4 et 5. En revanche, les peintures dont il est question sont réelles, mais proviennent de grottes différentes situées en France, au Por-tugal et en Espa-gne. En voici une rapide description.

Altamira : située en Espagne, cette grotte est l'un des sites préhistoriques les plus célèbres de l'âge de pierre. Les peintures rupestres qui s'y trouvent ont été découvertes en 1879 par une fillette, Maria de Sautuola. Pendant que son père faisait des fouilles archéologiques, la fillette, qui s'ennuyait, s'était couchée sur le dos pour rêvasser. C'est ainsi qu'elle découvrit les célèbres bisons magdaléniens qui couvrent la voûte. Son cri : « *Pápa, bueyes !* » (« Papa, des bœufs ! ») ouvrit un nouveau chapitre extraordinaire de l'histoire de l'humanité. On a longtemps

Bison de la grotte d'Altamira

douté de l'authenticité de ces fresques et de leur datation (15 000 ans). En effet on ne concevait pas, à l'époque, que les peintures préhistoriques puissent avoir des qualités esthétiques. Cette grotte est appelée aujourd'hui « la chapelle Sixtine de l'époque glaciaire ». Le peintre Picasso y aurait déclaré : « Aucun d'entre nous n'est capable de peindre ainsi. »

Pour protéger les peintures, la grotte n'est actuellement accessible qu'aux chercheurs. Mais on peut en visiter une copie fidèle au musée des Sciences et Techniques de Munich.

Le cheval de la page 161 provient d'Altamira.

Chauvet : en 1994, la découverte de cette grotte, et des peintures rupestres les plus anciennes que nous connaissions, vieilles d'environ 35 000 ans, a eu l'effet d'une bombe. L'éventail des animaux représentés, les techniques picturales utilisées, la qualité artistique des œuvres, tout est si impressionnant que les théories concernant les peintures préhistoriques s'en sont trouvées bouleversées. On a parlé, tout comme à Altamira, de falsification. Grâce à la technique du carbone 14, le grand âge de ces peintures a cependant pu être confirmé. La grotte n'est pas ouverte au public car des recherches scientifiques y sont actuellement effectuées. Par ailleurs, on aimerait éviter de renouveler l'erreur commise à Lascaux.

Les peintures reproduites aux pages 75, 83, 195, 196 et 202-203 proviennent de la grotte de Chauvet.

Cosquer : en 1992, le plongeur Henri Cosquer a découvert, à proximité de Marseille, une ouverture dans le rocher, à 37 mètres au-dessous du niveau de la mer. Il a suivi une longue et étroite galerie pour déboucher dans une grotte décorée de peintures rupestres, vieilles de 18 000 ans. Pendant l'ère glaciaire, l'entrée de la grotte était sur la terre ferme. Le niveau de la mer était plus bas, car beaucoup d'eau était retenue dans la masse énorme des glaciers.

La grotte a été baptisée du nom de son découvreur et l'accès par la mer fermé par une grille métallique. Quelques plongeurs amateurs ont cependant réussi à forcer cette grille et à pénétrer dans la galerie. Trois d'entre eux ont ainsi trouvé la mort.

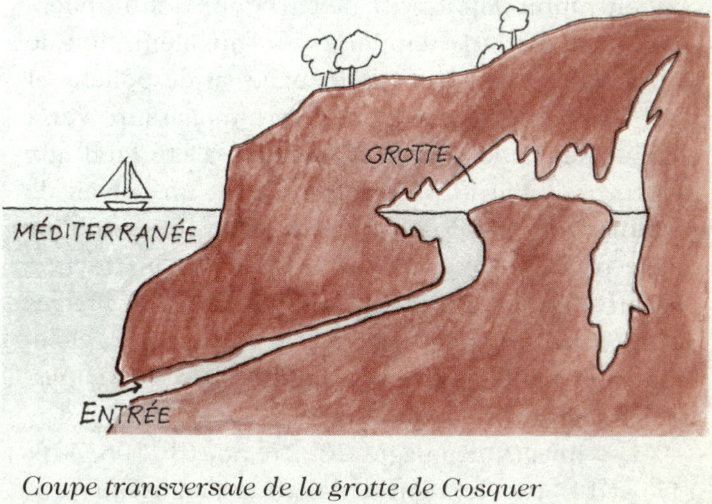

Coupe transversale de la grotte de Cosquer

La grotte de Cosquer renferme des représentations exceptionnelles de méduses, d'otaries, et d'oiseaux qui ressemblent à des pingouins. L'image de l'homme transpercé de la page 146 se trouve sur la voûte de cette grotte.

Lascaux : en 1940, quelques garçons poursuivant leur chien Robot ont découvert la plus célèbre des cavernes aux peintures rupestres de France. Le chien a été tiré du trou dans lequel il avait disparu, mais les peintures de la grotte ont failli périr dans l'aventure. On a en effet élargi le trou laissé par un arbre déraciné pour en faire une entrée confortable, par laquelle passaient tous les jours plus de 2000 visiteurs. La grotte a mal supporté la trop grande concentration de dioxyde de carbone, la multiplication par deux de la température, l'augmentation de l'humidité de l'air et l'apport excessif de pollens et d'algues. Le développement d'une moisissure verte et d'un dépôt de calcite blanchâtre a été fatal aux peintures. La grotte a été fermée, et un travail de restauration difficile a permis de sauver ces trésors de la préhistoire. Aujourd'hui on ne visite que Lascaux II, une reconstitution établie à 200 mètres de la grotte originale. Deux galeries ont été fidèlement reproduites. Elles rassemblent la majeure partie des peintures de Lascaux.

Les images des pages 22, 27, 56, 61, 108, 116-117, et 148 proviennent de la grotte de Lascaux.

Niaux : la grotte de Niaux est la grotte la plus étendue et la plus largement ramifiée de l'âge de pierre. On y trouve des peintures jusqu'à 2 km de l'entrée. Elle renferme cinq lacs. Quatre d'entre eux peuvent être traversés à pied par temps sec. Seul le dernier lac ne peut être traversé qu'avec un équipement de plongée, même lors de périodes de grande sécheresse. On ne saura jamais comment les hommes préhistoriques ont pu s'avancer aussi loin avec leurs torches et leur attirail de peinture. La dernière image de cette grotte est une belette. À proximité, on a découvert le squelette d'une belette. Est-ce un hasard ?

Le joyau de la grotte est le Salon noir, une salle qui ressemble à une chapelle, avec environ soixante représentations de bisons, de bouquetins, de cerfs et de chevaux. Cette grotte est partiellement ouverte au public.

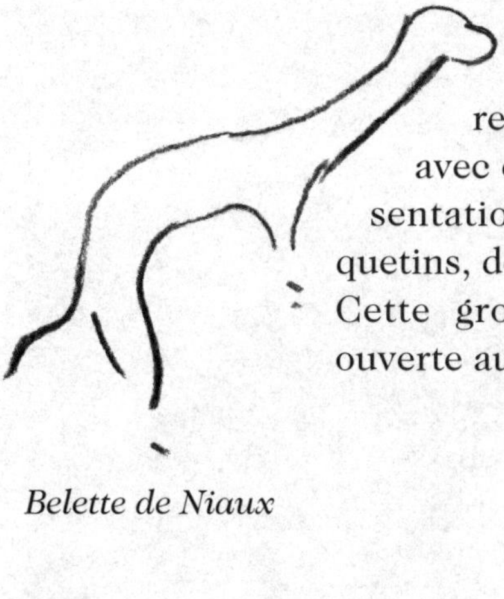

Belette de Niaux

QUELQUES REPÈRES…

–600 000 ans : début de l'âge de la pierre, dont le nom scientifique est Paléolithique. L'homme préhistorique commence à tailler les silex pour en faire des outils.

–400 000 ans : maîtrise du feu.

–180 000 ans : apparition de l'homme de Neandertal en Europe.

–100 000 ans : apparition de l'homme de Cro-Magnon en Afrique.

–35 000 ans : l'homme de Cro-Magnon arrive en Europe. Peintures de la grotte de Chauvet.

–20 000 à -18 000 ans : peintures des grottes de Cosquer, de Lascaux, d'Altamira.

–10 000 ans : fin de l'âge de la pierre. Fin de l'ère glaciaire. Début du Mésolithique, marqué par la sédentarisation des chasseurs et par le début de l'élevage.

–3 000 à –1500 : âge du bronze. L'homme découvre les métaux et apprend à les utiliser.

POUR ALLER PLUS LOIN...

Romans et récits

FROELICH (Jean-Claude), *Naufrage dans le temps*, Magnard, 1996.

FROELICH (Jean-Claude), *La Horde de Gor*, Magnard, 1996.

PEYRAMAURE (Michel), *La Vallée des mammouths*, Pocket Jeunesse, 2000.

ROSNY (J.-H.), *La Guerre du feu : roman des âges farouches*, coll. « Bibliothèque des grands classiques », Nathan, 2002.

SURGET (Alain), *Un cheval pour totem*, Flammarion-Père Castor, 2000.

Livres documentaires

BERNARD (Frédéric), *Les Hommes préhistoriques*, coll. « Les essentiels Milan junior », Milan, 2002.

Tes héros dans l'Histoire

– 3000 av. J.-C 476 apr. J.-C.

Préhistoire | Antiquité | Moy

Trois-Pattes

Astérix et Obélix
Gladiator

Les chevalier
Notre-D

CRAIPEAU (Jean-Loup), PICQ (Pascal), *À la rencontre des hommes préhistoriques*, coll. « Megascope », Nathan, 1999.

GERMAIN (Alain), *Les Origines de l'homme ou les aventures du professeur Coppensius*, Hachette Jeunesse, 1997.

HURDMAN (Charlotte), *Les Hommes préhistoriques*, coll. « Vivre comme », La Martinière Jeunesse, 2001.

PICQ (Pascal), GAUSSEN (Dominique), *La Préhistoire*, coll. « Regard junior », Mango Jeunesse, 2001.

ROUZAUD (Anne), *La Préhistoire*, coll. « Les essentiels Milan », Milan, 1996.

SAINT-BLANQUAT (Henri de), *Lascaux et son temps*, Casterman, 1999.

SAINT-BLANQUAT (Henri de), *Atlas des premiers hommes*, Casterman, 1998.

Bandes dessinées

LECUREUX (Roger), CHERET (André), *Rahan, fils des âges farouches*, Soleil, 1998.

Films

La Guerre du feu, Jean-Jacques Annaud, 1981, adapté du roman du même nom.

e | 1492 **Époque moderne** | 1789 **Époque contemporaine**

…ble ronde / *…aris* | *Les Trois mousquetaires* / *Le Pacte des loups* | *Lucky Luke* / *Harry Potter*

Une c
photog
co

Dépôt légal : 3e trimestre 2002